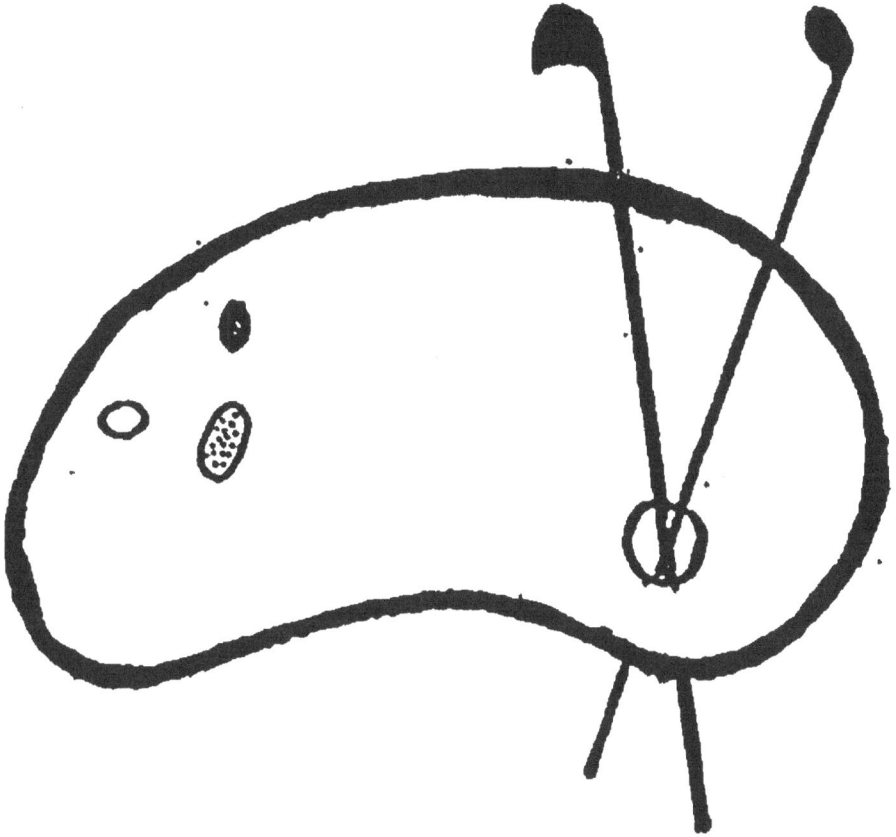

DEBUT D'UNE SERIE DE DOCUMENTS
EN COULEUR

ESQUISSES AFRICAINES

FABLES CRÉOLES

ET

EXPLORATIONS

Dans l'intérieur de l'île Bourbon

PAR

M. L. HÉRY

PROFESSEUR AU LYCEE

NOUVELLE ÉDITION

PARIS

TYPOGRAPHIE ET LITHOGRAPHIE J. RIGAL ET Cie

56, Passage du Caire, 56

1883

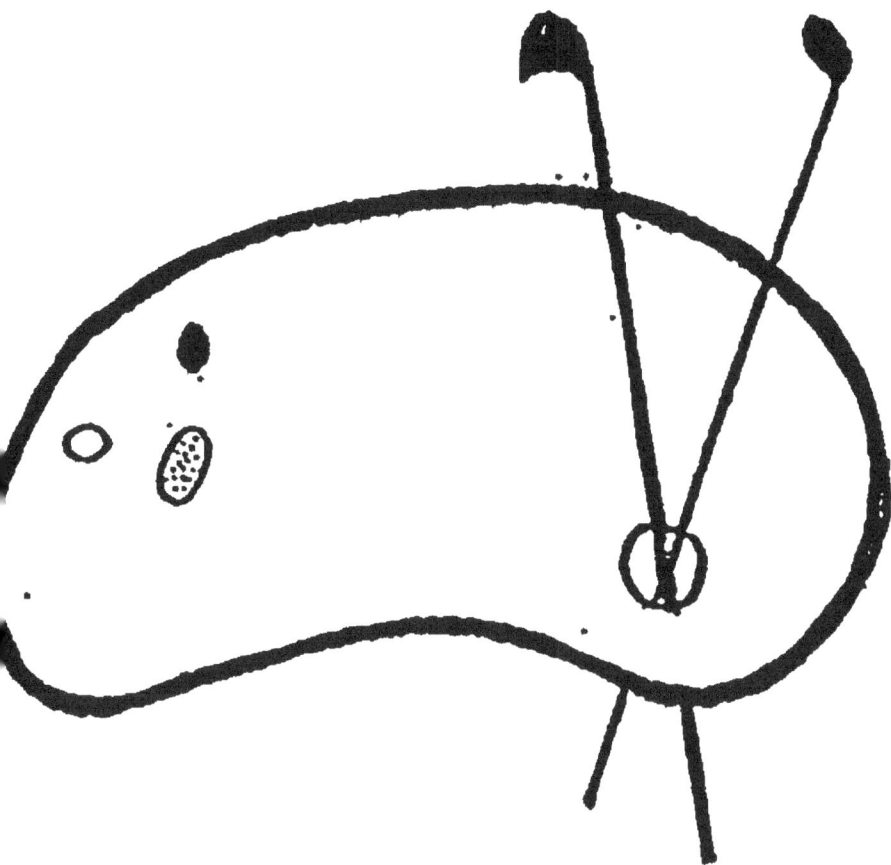

FIN D'UNE SERIE DE DOCUMENTS
EN COULEUR

ESQUISSES AFRICAINES

FABLES CRÉOLES

ET

EXPLORATIONS

Dans l'intérieur de l'île Bourbon

PAR

M. L. HÉRY

PROFESSEUR AU LYCÉE

NOUVELLE ÉDITION

PARIS

TYPOGRAPHIE ET LITHOGRAPHIE J. RIGAL ET Cie

56, Passage du Caire, 56

1883

ESQUISSES AFRICAINES

NOTA

Une partie de cet ouvrage a été pour la première fois publié en 1849 à Saint-Denis (Ile de la Réunion). L'autre partie a paru en 1856. Cette nouvelle édition comprend toutes les œuvres réunies avec une division en deux parties : 1re partie, les *Fables* ; 2e partie, les *Récits et Descriptions* en prose.

A Monsieur Émile HÉRY fils, à St-Denis (Réunion)

~~~~~~~~~~~~~~~~

MON CHER AMI,

Vous m'avez prié de m'occuper d'une nouvelle édition des œuvres de M. Héry, votre père. J'ai accepté sans hésitation, d'abord en raison de la preuve de confiance, d'estime et d'affection que vous me donniez, surtout en souvenir de notre vieille amitié, et un peu parce que la lecture de ce bon créole, de ces fables si originales ou de ces descriptions si vraies et si bien senties, devait me faire passer d'heureux moments et me transporter de nouveau, par la pensée, dans ce beau pays que j'aime tant.

Vous m'avez donc procuré un plaisir. Je vous en suis reconnaissant.

Vous remarquerez que j'ai fait insérer en tête de l'ouvrage, comme préface, une appréciation de M. Voïart, membre de la Société des Sciences et Arts de la Réunion, sur les œuvres de votre père. Ces lignes de bienveillante critique seront, j'en suis sûr, goûtées comme souvenir, par vos amis créoles, qui n'ont pas oublié ce littérateur distingué, qui, comme votre père, a su donner à ses poésies ou à ses récits descriptifs une originalité et une saveur locales saisissantes.

Vous ne me désapprouverez pas non plus d'avoir complété l'édition par une note sur le créole de la Réunion, publiée par M. le docteur Hugo Schuchardt, professeur à l'Université de Gratz en Styrie (Autriche). Vous y verrez en quel estime sont tenues dans le monde savant les travaux de M. Héry.

Je serais heureux, mon cher ami, en ayant contribué, dans une faible mesure, à faire revivre le passé pour les créoles de l'avenir dans ces œuvres si recherchées, si appréciées même à l'étranger, d'avoir comblé vos désirs les plus chers, ceux de vos parents et de tous nos amis créoles.

Votre satisfaction et la leur sera ma plus douce récompense.

C. CERISIER.

Paris, 19 mai 1883.

PRÉFACE

~~~~~~~

APPRÉCIATION DE M. VOÏART SUR LES ŒUVRES DE M. HÉRY

(Extrait du Bulletin de la Société des Sciences et Arts de la Réunion)

~~~~~~~~~~~~~~~~~~~~~~~~~~

L'ouvrage, dont nous allons avoir l'honneur de vous entretenir, est au nombre de ceux auxquels votre Société doit surtout accueil et faveur, car il a une senteur native, un parfum local, qui le recommandent à vos sympathies. En effet, une société d'essence toute coloniale doit garder ses meilleurs sourires aux œuvres qui émanent de la colonie et qui lui sont consacrées. Or, quand, à ce mérite de premier ordre pour vous, un auteur réunit une piquante originalité d'une part, et de l'autre un style élégant, une érudition réelle et un esprit d'observation soutenu, ce n'est plus seulement faveur que vous lui devez, c'est un droit de cité chez vous que vous avez à reconnaître : Nous devons donc vivement regretter que les nombreuses occupations de M. Héry ne lui ai :nt pas permis d'accepter la place qui lui était marquée dans nos rangs.

L'ouvrage de M. Héry est divisé en deux parties ; la première contient des *Fables créoles*, c'est-à-dire, dans ce langage imagé et naïf, si doux dans la bouche d'un enfant, si gracieux dans celle d'une jeune fille aimée. La seconde est le récit des nombreuses *Explorations* de cet intrépide pionnier touriste *(intrà montes)*. Nous nous occuperons d'abord de cette dernière.

On a reproché souvent à l'auteur, nous ne l'ignorons pas, d'employer des mots peu usités, des termes d'un trop grand imprévu. Qu'est-ce que cela prouve, sinon que M. Héry a une connaissance approfondie de sa langue ? car quel que soit le peu d'habitude qu'on ait de voir faire usage de ces expressions mises à l'index, on est forcé de reconnaître qu'elles sont toujours d'une juste application, d'une exactitude rigoureuse.

M. Héry répond d'ailleurs lui-même avec bonheur à ces accusations lorsqu'il dit :

« On a critiqué l'étrangeté de nos expressions dans les descriptions « que nous avons faites ; on trouvait que notre style était trop brillanté « et qu'il visait à l'effet. A cela nous répondrons que, quand les objets « à décrire sont insolites, le style s'en ressent nécessairement puisqu'il « faut dépeindre des sensations et des localités tout à fait inconnues à la « vie ordinaire, d'où l'obligation de hasarder des mots, même bizarres, « sous peine de laisser inaperçu ce qu'on tient à faire comprendre. »

Sur les quatorze récits qu'a publiés M. Héry, un seul est étranger à la colonie, mais c'est un souvenir de Sainte-Hélène, de cette île qui réveille toujours dans un cœur français un sentiment d'intérêt palpitant. C'était aussi une exploration, un pieux pèlerinage qu'on est heureux d'avoir fait et dont on sent le besoin de parler. Nous ne nous arrêterons point à cet épisode, nous relèverons seulement cette exacte et rapide définition que fait M. Héry de l'île-prison « *Un sol de bronze sous un ciel de feu !* »

L'auteur déroule ensuite aux yeux du lecteur un magique panorama de toutes les beautés sauvages et saisissantes dont la nature a paré la cîme de nos monts et les gorges anfractueuses d'où s'échappent nos rivières torrentielles. Suivez-le à la source de la rivière Saint-Denis, au Volcan, au Piton des Neiges, à la tête du grand Bé-Noune, et vous éprouverez avec lui les émotions profondes qui naissent au milieu de ces ascensions périlleuses; de ces descentes plus dangereuses encore, telle, entre autres, celle de la Plonge de la rivière du Mât. Certes pour accomplir de semblables explorations il faut avoir l'*æs triplex circà pectus;* il faut avoir aussi comme le dit l'auteur, le pied bien sûr et la tête à l'épreuve du vertige.

Mais est-ce bien là le vrai mérite de M. Héry? Ce courage plus physique que moral, combien de nos hardis créoles en font preuve! les Maillot, les Dalleau, les Mallevoisin, et tant d'autres, ont affronté souvent et affrontent encore chaque jour ces dangers. Mais explorer avec les yeux de l'intelligence, avec la pensée religieuse et jeter avec esprit sur le papier le reflet de ses impressions, voilà ce dont nous devons féliciter M. Héry. Après avoir lu ses descriptions éloquentes et gracieuses, on peut dire comme lui : J'ai vu! et, se croyant transporté sur ces pics ardus qu'il nous met sous les yeux répéter après lui :
« Vous seul êtes plus haut, Seigneur, que le hardi piédestal qui nous
« rapproche de vous; vous seul êtes plus grand que tant de grandeurs
« qui vous environnent! »

Vous avez tous lu, Messieurs, ou tous vous voudrez lire ces récits pleins d'intérêt. Je n'ai donc pas dû multiplier les citations de l'auteur, je me bornerai à vous lire un épisode d'une de ses excursions, épisode qu'il fait raconter par son brave guide, Victor Malvoisin, à propos d'un voyage au Piton des Neiges.

« Nous étions partis de Terre-Plate, Fragère, ses deux fils encore enfants et moi. C'était au mois de mars (1)..................

Maintenant, Messieurs, nous vous parlerons du poëte créole après vous avoir parlé du peintre colonial.

Comme nous vous l'avons dit, le créole est un langage imagé et naïf, riche et pauvre en même temps, riche d'expressions originales et

(1) Voir : *Récit d'un Voyage au Piton-des-Neiges,* page 117. (Nous n'avons pas jugé utile de reproduire ici tout le récit de M. Héry, puisqu'il se retrouve à sa place dans le volume. Nos lecteurs voudront bien s'y reporter.)

pittoresques, pauvre par ses redites. Qui d'entre vous n'a souri en
écoutant un de nos vieux noirs futés conter une vieille histoire en ornant
son récit de mille inflexions de voix si variées qu'elles viennent en aide
à l'effet que produit le conteur ? Eh bien ! mettez une des fables de
M. Héry dans la bouche d'un de ces rapsodes africains, et vous en
sentirez mieux tout le charme.

M. Héry connaît le créole comme le français, ce qui, vous le savez,
n'est pas peu dire. Il en sait les tours et les finesses et les emploie le
plus heureusement du monde.

Se faisant l'émule du bonhomme il dit avec le style, avec la couleur
locale la fable de la *Cigale et de la Fourmi,* devenue ici : *La Fourmi
ensembl' li Grélé.*

> Au bras-sec, dans l'plis haut d'Brilé
> A' proc' fricé ma-Véronique,
> L'avait ein s'en méler' grêlé
> Qui çantait tout l'jour son misique.

Viennent ensuite *Les Animaux malades de la peste.*

> Li roi lion l'a rôd' dans n'çaque espèce
> Caqu' plis gross' têt' pour fair' son conseil colonial.

Nous pourrions encore vous citer *Le Meunier, son Fils et l'Ane,* etc.,
mais, nous avons aussi à parler des fables mythologiques. Ici, comme
dans ces imitations de Lafontaine, M. Héry nage en plein créole. Le
sourire naît à chacune de ces rimes, à chacune de ces locutions si bien
dans l'esprit de la langue qu'il parle. Laissant de côté la chute d'Icare
et le jugement de Pâris, nous nous risquerons à vous lire les aventures
de Phaëton. Nous n'avons pas la prétention de connaître l'idiome dans
toute sa pureté, mais nous l'avons si souvent entendu parler depuis
vingt-cinq ans, que nous espérons pouvoir ne pas trop le dénaturer.
Mais avant de terminer par cette lecture disons encore un mot de
M. Héry pour regretter qu'il n'ait pas davantage produit. L'ouvrage de

M. Héry devrait être entre les mains de chaque enfant de la colonie, car d'une part il réveillerait en lui de doux souvenirs, en lui faisant entendre ce langage qui a caressé son oreille dès ses premières années, et de l'autre il parlerait à son cœur en mettant sous ses yeux les pages éloquentes du livre inédit que Dieu a écrit dans les solitudes de notre île bien aimée.

LES AVENTURES DE PHAÉTON

Soleil l'était dans son maison
Quand cin zour son fils Phaéton
Rentr' dans la çambr' (etc., etc.).

DÉDICACE

AUX DAMES DE BOURBON

Le Créole naïf et tendre
Dans votre bouche est enchanteur ;
Lorsque vous le parlez, qui ne voudrait l'entendre ?
Rien n'est plus doux, c'est la langue du cœur.
Daignez, en sa faveur, agréer cet ouvrage,
Sexe aimable autant qu'adoré,
Qu'il obtienne votre suffrage,
Et mon succès est assuré !

L. HÉRY.

PREMIÈRE PARTIE

FABLES CRÉOLES

FABLE I

LA CIGALE ET LA FOURMI

(La Fourmi ensembl' li grélé)

Au Bras-Sec, dans l'plis haut d'Brilé,
A proç fricé Ma-Véronique,
L'avait ein s'en mêler grélé
Qui çantait tout l'jour son misique ;
Li n'embarrass' pas lendimain.
Dans tout la saison l'hivernaze,
Son vivr' li trouvait dans n'cimin.
A qu'fair va souer pour fait plautaze ?
Mais v'là que li beau temps la fini,
Vivr' n'a point, la fraid y rentre,
Pauvr' grélé la rest' tout cami,
Comment qu'va manzer son plein ventre ?
A forç vir' son mazivation
Li dit : « moi connaît quoiqu' moi faire !
« Mon voisin fourmi bon nation,
« Va prête à moi mon nécessaire. »
Li court la cas' fourmi, li cogner rondement,
Tin' fourmi cri darrière la porte :
« Qui çà qui cogn'.si hardiment ?
« Quiq' çôs' pour vendre ? allons, apporte ! »
Li grélé répond : « Moi l'a grand faim ! »
La fourmi guet' à li par d'arrièr' son serrire.
Li dit : « grélé, vous trop malin !
« Prends pas moi pour vout' couvertire.
« Qouq' vous y fait soir et matin ?

2.

« Dans'n l'eau vous mirer vout' figuire? »
Grélé r'vir' : « Tir pas vout' fiçant,
« Vous sait qu'moi content badinaze,
« Moi tait çanter continuellement.
« Cà mèm l'était tout' mon l'ouvraze.
En morgrognant fourmi dit : « Vous calamaka
« Moi n'don'ra pas vous ciu bicique ;
« Si vous tant content la misique,
« Vous pé bien danser la polka. »

FABLE II

L'ANE ET LE PETIT CHIEN

Saint' Sizann' çez Bouhomm' Zozet,
L'avait cin vié-vié bourriquet,
Son dos l'était plein carapate,
L'était lourd comm' criol' batate,
Tout' son la peau l'était flatri
Comment li cou d'maman-Torti.
Quand qu'li tir' son mine allonzée
Z'aut' y moque à li la zournée.
« Quoi diab', l'a dit, ça n'a pas bon !
« Moi gagn' misèr pays Bourbon,
« É ! hé, moi va çauz' mon manière
« A c't'hèr moi connaît quoiqu' moi faire.
« Moi fair' comm' pitit çien zizi,
« Li gagn' manzer, n'en a kary,
« Avec son pitit badinaze
« Li hall' la viande ensemb' fromaze.
« Allons flatt' not' maîtr'... » Pa Zozet
L'était didans son cabinet,
Li n'avait son pipe allimée,
Li hallait douc'ment son fumée,
Mazinant pas pour d'être camis,
Li causait ensemb' son z'amis.
Avlà qu' dans n'mitant d'son boutique.
Zoreill' haut, arriv' li bourrique.
Hi ! han ! hi ! han ! L'a mât' dibout,
Li calbit la pip' par li bout,

Dret dans la bouç li bourr' son patte.
Brital comm' caffr' qui hall' la gratte...
Li maitr' timb', son bouç tout en sang...
Dimand' voir si l'était content.
« Hola, mon noir ! ô toi 'Tanase,
« Aq' fair' bourriq' rentr' dans mon case ?
« Dipis quand ça qu'bourriq' malin...
« Pique à li cinquant' coups d'rotin. »

Ein quéq'çôs' vous l'accoutim' faire
Fais ça mêm, çanz' pas vout' manière ;
Bourriq' la contrefait Zizi,
Mais rotin la coumagne à li.

FABLE III

LA LAITIÈRE ET LE POT AU LAIT

La vaç mon voisin Nicolas,
Dans n'haut d'Bitor, (vous pé bien croire,)
Li mois passé l'était mett' bas...
« Ç'a bon l'arzent pour mon l'armoire, »
Bonhomm' y dit : « moi vendr' mon lait.
« Dépéç à vous, mon femm' Toinette,
« D'çarrier bazar dès que vous s'ra prêt. »
Man-Toinette souq' son gargoulette,
Lav' visaz', trapp' zipon d'patna,
Rond'ment li fignol' son toilette,
Ensemb' son corsaz' zacona.
Palliacat env'lopp' son z'oreilles,
Sis son têt li mett' sombouli,
Car, pour porter quatorz' houteilles,
Faut faire attention, mon ami !
En mordant di pain gros la croûte,
Li l'allonz li pas rondement,
Son cœr zoyès tout l'long de la route,
Li çante à forç qu'li l'est content.
« Ho ! ho ! li dit, moi va bien vendre !
« A c'thère di mond' gourmand di lait.
« Ensemb' l'arzent quoi ça qu'moi prendre ?
« Long temps qu' moi rôde élèv' poulet ;
« Aç'tons li zœfs, oh ! oui, ça même,
« Qui meillèr çôs moi pé cercer ?
« Nous n'a plis dans li temps d'carême,

« Li zœfs y bouille à bon marcé.

« C'à qui vaut mié pour nout' ménaze;

« Ma foi Dié moi là bien trouvé !

« Mon poul' noir cacaill' pour couvé,

« Moi va rapporte à li l'ouvraze.

« Moi gagner vingt zoulis poulets,

« Va profit' sans donner la peine ;

« A c'ther que l'a fini volaill' faits,

« Moi larguer tou't la mèm' simaine.

« Li volaill' comm' l'à va si bien !

« C'àq mèr poule y vaut son roupie,

« Moi va rapport' mon bours' tout plein;

« Pour moi content' mon l'aut' l'envie.

« Ensemb' monnai' moi prend coçon,

« L'espèç mangous la plis meillère,

« Moi va soigner proç la maison...

« Ah ! vous aut', çà qu'eiu bonne affaire !

« Mon coçon quand qu' l'acète à li,

« L'était dézà pas mal en viande,

« A c'ther qu'manioc l'a bourre à li,

« Pour gras n'a pas eiu qui commande.

« Qué bel coçon dans n' son l'enclos!

« C'à qui pé vanter pour la graisse !

« Li souris lózer dans'n son dos,

« Va touffer ! allons vend', dépèce.

« C' coup là qu' moi fair' un bon marcé !

« Mon pauv' vaç tout sel y s'ennuie.

« L'arzent d'coçon va déboursé

« Pour donne à li la compagnie ;

« Moi va mett' dé, trois dans'n troupeau,

« Par bonhèr n'en a ein' li pleine,

« Dès que l'arrivé, li fait son veau...

« Pour rien moi n'a pas donn' la peine.

« Vous aut', dire ein pé qué bonhèr

« Quand qu' dans'n parc moi va zett' fataque,

« Comm' cabri dans son bonne himèr,

« D'voir sauter mon p'tit veau cataque !

« Mon cœr, mon zambe y saute aussi. »

Toinett' prend z'élan, brann' son tête...

Couh !!!... panier ç'app' di sombouli...

(Toinett', maman, vous l'était bête !)

Dans'n cimin tout' lait l'a faué,

L'a fait ein rigol' dans'n la route ;

Di mond' qui pass' tout étonné,
Dimand' si ça di l'eau d'rouroute?
Pauv' ma Toinett' gagu' camiça,
Tout' hontès' li cacièt' visaze.
Quoi qu'va dir' son gros talinga,
Quand qu' li va rentr' daus sou ménaze?
Toinett' l'a pèr, l'a bien raison.
Prends gard', voisin', li coups de bâton,
Vout' n'homm' quand qu' son fangouni monte,
N'acout' pas ça qui rôd' li conte.

FABLE IV

LE JUGEMENT DE PARIS

D'aut'fois, rois n'a pas 'tait faraud,
Z'aut' fill' lavait linz' dans n' risseau,
Quand qu'l'eine à l'aut' y rend visite
Z'aut' mèm' metto au fé z'aut' marmite,
Ein zèn' princ' donc dans ci temps là
L'était gardien bœfs son papa,
Ein zour li l'était dans n'savane,
Assis sous ein gros pied d'banane ;
Pendant qu' tout' son bœfs reposer
Li zouer di bobr' pour s'amiser.
V'là qu'trois femmes' çaquèn' la plis belle,
Déess'! (comm'çà qu'blancs z'aut' appelle)
En sipitant l'entoure à li,
Cataq'!! li la rest' tout cami...
Eine y commenc' : « Pâris, acoute,
« Après nous va payer la goutte ;
« N'en a grand cabár à zizer ;
« Vous tout sél cacab' arranzer.
« Moi va sipliquer nout' z'histoire :
« Si vous n'a pas perd' vout' mémoire,
« Vous souvient la noç' ma-Thétis !
«   . Oui, moi souviens, l'a r'pond Pâris. —
Zinon plis vif cà qu'trois déesses
Coup' divant... » N'a pas cont' nigresses ;
« Moi dire à vous la vérité.
« Çà qu'ein' noç' ! z'aut' y pé vanté !

« La tié coçons, n'avait biciques
« Vin d'provenc' y boir' par barriques,
« Trois noirs 'tendis, cefs couisiniers,
« La couit manzer sous n' badamiers.
« N'a point la zèn', çà qui vé rentre,
« Càquèn' y manzer son plein ventre ;
« A v'là pas, quand qu' l'arriv' dessert,
« Ein pomm' timb' dret n'mitant d'couvert.
« Ein vié femm' maman la Discorde,
« (Son zip' l'amarr morceau la corde.)
« Capé-cap l'arrive en misouk,
« Li tir' son bras long' comm' bibouk,
« Li fris' son zou' flatrie et maigre
« Comm' z'ourritt' trempé dans n'vinaigre.
« Son voix sec comm' li cri d' taill'vents
« L'a guélé : Ça pour vous nos zens!
« Li pomm' là, moi donn' la plis belle,
« Sipite à l'entour vout' gamelle. »
Sitôt qu'li la tir' son français
Milef, li l salam, cours après !
Pa-Zipiter dans n'haut d'la table
Dit : « n'a qu'trois pour gagner cacable...
« A c'thèr Pallas, Viniss et moi,
« Nous la vient trouve à vous, ma foi !
« Nous l'a quitt' sambrocal', saucisse,
« Pour nous vient rôder la zistice.
« Nous connaît vous gaillard fité!
« Çà qu'n'a pas droit s'ra dégoté. »
— Pallas coup' Zinon son parole :
« Assez, l'a dit, vous fair' l'école
« Qu'vous babié-babié rondement
« Comm' professèr ensemb' z'enfant,
« Maman vous n'gagn'ra pas la pomme
« En flattant vout' ziz' comm' vout' n'homme.
« Vié, nénen' quand qu'la grain' ff dents
« N'a pas cacab'pour gagn' galants,
« Guette ein pé l çà dézà grand'mère
« Et li vé rôde encor' mystère ;
« Caciète ein pé vout' civé blancs,
« La pomm' trop dir' pour vout' vié dents. »
Pallas l'enraz' dans son colère :
« Ma cèr' mèr'... mêl' pas mon z'affaire !
« Avec moi vous va pliç' vout' dents

« Pointi comm' çà qu'vié caïmans,

« A caus' çà qu'vout' faugouni monte,

« Vous voudra qu'moi gaguer la honte ?

« Si moi vié, quel az' vous n'en a ?

« Dimand' à vout' cousin' Vesta,

« Dimand' à vout' tantin' Cybèle,

« Fais pas tant vout' cinill' brinzelle,

« Vout' zéuess' là n'a pas tout frais,

« L'a r'mont' li temps Labourdonnais.

« Mon pauvr' ! moi n'a pas vout' yambane ;

« Vous n'aura ni pomm' ni banane.

« Mais vaut mié moi va frèm' li bec ;

« A tout vié' mond' moi doit respect. »

Viniss y riait tout comme cin folle.

A son tour li prend la parole :

« Pâris, li dit, si moi l'est mié,

« Toi pé guetter, toi n'a bons zié ;

« Pisq'nous la prend à toi pour zize,

« Faut déballer la marçandise.

« Sél'ment si la pomm' l'est pour moi,

« M'a donn' ein zouli femme à toi. »

Pâris Mâca comment li diabe,

(Pour flatt' femm' tout' fair' li cacabe)

L'a r'vir' : « N'a pas besoin plis long,

« Quand mêm' Pallas, quand mêm' Zinou,

« N'a point visaz' comment la vôtre ;

« A vous la pomm'! n'a point pour d'autre,

Comm' ça mêm' li ziz' ment d'Pâris ;

Qui çà content ? l'était Viniss.

Quand mêm' li cont' là vié z'histoire,

Li mond' n'a pas çanzé 'faut croire ;

Azourd'hi, pour vant' z'aut' beauté,

Li femm's rôde encor sipité.

FABLE V

LA TORTUE ET LES DEUX CANARDS

Moi tire ein cont' pays Bourbon.
En bas d'rempart d'la Possession
L'avait ein torti vié grand'mère,
Mais quand mêm' vié son têt' l'était lizère ;
Au lié rest' tranquill' dans son coin,
V'là pas l'a mazin' s'en va loin.
Li dit dans n'fond d'son cœr : « zécoliers gagn' vacance,
« Tout'blancs gros'têt' s'en va promène en France,
« Moi tout sél moi rest' dans mon trou !
« N'a point !... moi va rôd' ein bambou,
« Moi louer houit gros canards manille,
« Va porte à moi St-Lé pour voir mon famille. »
(Quand qu'femm' n'en a son volonté
N'a point li diab' qui va faire arrêté ;
Çà qu'femme y vé l'est sir pour faire ;
  Çà qu'torti vé, moi crois bien mêm' z'affaire.)
Li frem' la port' son cas',' li va rôd' son portèr,
Li prend namsim maïs pour donne à z'aut' di cœr,
Li mett' l'arrack dans n'son bretelle
Pour bien mett' en train z'aut' la zaile.
Quand qu'canards fini boir', z'aut' y commenc' flatter ;
Son 'mazination z'aut' vanter ;   .
Z'aut' y dit : « Man-torti, vous va fait bell' voyaze,
« Vous va voir tout' sort' badinaze,
« Vous va connaît' quoi çà qu'zens Saint-Lé dit.
« Z'aut' façons, z'aut' mod', z'aut' zabits,

« Comm'çà qu'Ulyss' la fait... » Guett' ein pé son parole !
Canards y nomm' Ulyss' comm' blancs qui montr' l'écoïe,
Faut dir' aussi canards qui parl' latin,
Qui suivr' z'enfans colléz' quand qu'après manz' n'aut' pain.
Enfin z'aut' la cont' tant d'nouvelle,
Qu' man-torti perd' net son cervelle
Li dit : « allons-nous vit', » canards dit : « tiens-vous bon,
« Souqué bien ni mitant d'bâton,
« Trap' li bambou par son traverse,
« Prends gard' va timber la renverse.
« Laç' pas maman, si vous çappé,
« Vous va donn' marrons grand soupé. »
Li r'pond tout en faraud : « Allez, moi n'a pas bête ;
« Allez-vous ! » Li l'allonz' son tête,
Li tir' son patte en bas, en haut,
Comment grinouitt' qui dort sis l'eau.
Quand qu' tout l'a fini prêt... frrr... canards y s'envole ;
Pique en l'air !... Noirs-commin' l'était qui fouill' rigole,
Au d'sis d'Saint-Paul, dans l' cimin Bernica ;
Tout' la commenç' crier : « Guett', çà torti maca !
« Où çà qu' torti bébêt' pour gagn' montire ?
« Çà la rein' qu' li n'en a voiture ?...
« Oui, moi la rein', bande... « Ouah ! n'a pas l'tems dir' plis long,
Li la timbé lourd comm' di plomb ;
Son z'écaill' la 'crâse' en haut de roce,
Gaspard, gros noir gourmand, l'était travaill' tout proce,
La saut' dissis, la gagn' manzer,
Encor' n'a point la pein' plicer.

Zens qui trop grand parler, acout' siprit mon conte :
Nout' la langue y ramasse malhèr ensemb' la honte ;
Çaud la langu' li zist' pour perdi ;
Bli pas li cont' maman torti.

FABLE VI

LES AVENTURES DE PHAËTON

Soleil l'était dans son maison,
 Quand ein zour son fils Phaëton
Rentr' dans la çambr' tout en colère.
Li morgrogn', li l'était qui plère,
Visaz' l'était rouz' comm' piment
A forç' son çagrin l'était grand.
Li dit : « Ça n'a pas ein la honte !
« Ça même li sang mon visaz' monte,
« Di moud', (comment qu' moi va dir' çà ?)
« L'a dit qu' vous n'a pas mon papa...
« Ah ! Dié ! bon Dié ! mon cœr y saigne,
« Ça même moi viens rôd' bon z'enseigne,
« Et pour z'aut' la guél' moi fermer,
« Qui quéq' çôs' moi viens demander.
« Faut qu' vous prêt' à moi vout' voitire,
« Et vout' cival blanc pour montire,
« A c't' hèr' z'aut' va dir' : Phaëton,
« Ça z'enfant soleil tout di bon.
« Papa, prête à moi vout' carriole,
« Vout' cival ça qui caracole,
« Moi connais vous là l'est trop bon
« Pour vous cacab' dire à moi non. »
Soleil, en branant son la tête,
La r'pond : « Ça qui trop bon li bête,
« Vous y vient flatt' flatter mon cœr,
« Prend' gard' ça mèm' pour vout' malhèr,

« Vous dimande à moi mon voitire,
« Mais ça l'est malaisé condire,
« Arranz'-vous ! pour pass' vout' çagriu,
« Vous pé prend' sél'ment pour dimain. »
A c' t'hèr' Phaëton prend son botte,
A forç' zoyès' son cœr y saute ;
Li court, li vir' dans son plac'ment,
Li vient fou à caus' trop content.
Li dit son noir : « Allons ! dépêce,
« Pour toi vient frotter mon calèce,
« Coupe à moi li fouet là bien grand
« Pour moi piq' cival rondement. »
L'a parti dans n' cimin ride,
A droite à gauç' li hall' la bride ;
Et pour li fair' voir son faraud,
Li va, li vient, en bas, en haut.
Cival qui trouv' son main lizère :
« N'a pas ça mon matt' l'ordinaire !
« Ah ! piti garçon vous 'tourdi,
« Moi va fait mon farce azourdi.
« Moi l'entendi, la s'maine dernière,
« N'en a bel cival sis la terre.
« Sais pas si l'est fait comme à nous,
« Contr' çival là moi l'est jaloux,
« Allons voir si zouli montire
« Si comm' moi n'en a l'encolire. »
A c'thèr' li la piq' dret en bas ;
Phaëton li mett' son dé bras
Pour esseye arrèter la bride ;
Mais vlà qu'li la casse ein la guide !
Cival, ein'fois qu' brid' la pété,
Li commence fait son volonté,
L'est dézà rendi presqu'à terre.
Di l'eau y bouill' dans la rivière,
Fouts y broul', di monde maté
A caus' voitir' trop proç l'a té.
Pa Zipiter, dans n'coin d' z'olimpe,
L'après amarr' d'Zinon la Guimpe,
Quand qu' li la gisell' tout ça mic-cac,
Li dit pas rien mais... cra, cra, crac !
Li fait roufle ein coup son tonnerre,
Ein coup qui fait trembler la terre,
A peine ça grand coup l'a parti

Qu' Phaëton l'a calbit' rôti.
Son corps la timb' dans la rivière !
Soleil çagrin, mais... quoi qu'va faire ?

Moi razist' çà li z'habitans.
N'en a qui fait li négocians,
Mais comm' z'aut connaît pas la route,
Z'aut' y calbit', y fait banq'route :
Çà fait voir faut pas essayer
Ein quéq'çôs' n'est pas not' métier.

FABLE VII

LA CHUTE D'ICARE.

Moi dir z'histoir'... n'avait in' fois,
(Ça li cont' grand' mond l'autrefois,)
Z'ouvrier z'aut' l'appell' Dédale,
Fort comment noir qui port' la malle,
Maliç' tout comment bengali,
Ein roi l'était renferme à li
Ensembe son z'enfant Icarc ;
L'était misèr. Z'aut manz' cambàre,
Touzours gros-ball, zamais kary...
Dédal' là lizèr' comm' cabri,
Car blanc là n'a pas 'tait bourrique,
L'était fin comment Pacifique,
L'a commenc' dit : « Moi sauv' d'ici !
« Moi n'a pas zens bêt' Dié merci,
« Moi la maziné bon montire
« Pour nous s'en va... » L'a prend la cire
Dipis la têt' zisqu'à li dos,
Li la coll' la plim' z'albatros,
L'a razist' la z'ail' son z'épaule,
Pour grimp' rempart comment criole.
Quand tout son quéq' ços' la fini,
Li dit son garçon ! « Men ami,
« Quand qu' moi fini mett' vout' la z'aile,
« Fais pas faraud comm' z'hirondelle ;
« Ma foi Dié, si vous grand tourdi.
« Prend gard' vout' la z'ail' va fondi.

« Voler là n'a pas badinaze,

« Mont' pas comment s'en va Salaze.

« Moi dire à vous mont' pàs trop haut

« Prends garde, à caus' soleil l'est çaud.

« Si vous y fait comm' vout' manière

« Vous va gagner mauvais z'affaire. »

(Li babiait pour grond' son garçon,

A caus' ca z'enfant polisson.)

Icar' fronté comm' l'ordinaire,

L'a répond : « N'avait mauvais z'affaire !

« Vous dir' à moi mont' pas trop haut,

« Vous m'azin' donc moi noir nouveau,

« Voler là n'a pas grand mystère,

« Moi v'nir à bout, quitte à moi faire ,

« N'a pas dit à caus' moi vanter

« Mais mon siprit vous va guetter. »

Z'aut' dé s'en va, z'aut' dé mont' monte,

Icar' là : « à moi gagner la honte

« Si moi lourd comm' pigeon patti,

« Ou comm' caffr' qui port' sombouli,

« Moi vé monter plis davantaze

« Pour moi voir mié fait mon voyaze. »

L'a dit, l'a fait ; arrive en haut,

Soleil tout di bon l'était çaud,

Son la z'ail' commenç' vini molle,

La plim' toute en caniqui vole,

La cir' l'a fondr'... poc ! poc ! v'là pas

Mon z'Icar' li la timbe en bas !

Dans la mer l'a 'touff' à forç' boire,

L'a néyé... çà mèm' mou z'histoire.

Li cout' là li fait pour z'enfants

Çà qui n'acout' pas z'aut' parents.

FABLE VIII

LES ANIMAUX MALADES DE LA PESTE

Ein bien mauvais malad' l'était 'friç' tout bébête,
Ein bien mauvais malad' z'aut y nomm' choléra ;
Dans tout' 'plaç'ment où qu'ça malad' y pèle,
Tout' li bébêt' flambés comm' z'allimette
Dipis l'alphant zisqu'à li rat.
Li roi lion l'a rôd' dans n'çaque espèce
Çà qu' plis gross'têt' pour fair' son conseil colonial ;
Li 'mazin' ein kabar pour envoie à confesse
Çà qu' l'a resté vivants parmi tout' z'animal.
Li mêm' tout' li premier li vid' son tent' malgace :
« Z'amis, l'a dit, 'coute à vous mon pécé !
« Çà qu' moi l'a fait, moi bien facé,
« Moi l'a pèr qu' dans n'l'enfer moi va bril' comm' bagasse...
« Quand qu' moi l'a trouv' dimond', li bœf, ou bien mouton.
« Souvent, quand qu' mon bouç' y démanze,
« Au lié mauzer marmit' di canze,
« Moi la trouvé z'aut' viand' plis bon.
« Moi la touill' zaut ! à qu' faire à moi caciète ?
« Moi 'blizé dir' la vérité. »
A c't'hère pitit renard ftlé
L'a r'pond : « Vous pouvait bien mett' z'aut dans vout' l'assiette,
« Ein' fois qu'vous roi, çà mêm' pour fait vout' volonté ;
« Li z'homme, d'ailleurs, la mérité,
« Pisqu' z'aut' y donne à nous la çasse,
« Tout' z'animal z'aut' y tracasse..... »
Tigres, loulous, tout z'aut faut' acquisait

Et renard touzours séquisait,
Car z'aut' l'était besoin pour nourrir z'aut' marmaille,
Et çà n'a pas bébêt' qui manz' di riz en paille.
Enfin vié bourriquet, tout ladre et tout pelé,
Qui çarriait ball' çarbon pour z'habitans d'brilé,
En baissant son li zié comm' pour dire son rosaire,
Tout comment vié dévot' là racont' son z'affaire :
« Z'amis, l'a dit, pisqu' n'a rien pour cacé,
« Moi dir' dans n'vout l'oreille çà qu' mon plis gros pécé.
« La honte y 'touffe à moi !... Ein zour, sous ein voitire,
« Dans li coin d' l'équiri de la quire,
« Moi l'a trouv' paquet d'herb' tout frais.
« Bon fataq', ma foi dié ! va dir' la mett' exprès
« Pour voir si mon li dents l'est longue !
« Moi la gliss' sous n'hangar vacoi,
« (Li diable aussi çatouille à moi),
« Et moi saut' sis l'fataq' comm' z'anguille sis bouç'rongue.
« Moi, malahél', l'a dévoré
« Tout' li fourraz d' moussié l'quiré.
« Ah ! qu' fataq' l'était bon ! doux comment confîtire ! »
Tout' bébêt' l'a guélé : « Manzer fataq' la quire !!!...
« Çà mêm' bon Dié l'envoyer choléra ;
« Pour nous tout' li-mêm' qui patra.
« Prendre ein quéq'çose li prêtre ! ça na pas badinaze... »
Z'aut' l'a coup' son collet sans tarder davantaze.

Ein fois qu' vous pauvr' diabl', si vous n'en a kabar,
Ensembl' man-la zistiç', fait pas trop vout' vautard ;
Vous n'aura beau fignoler vout' parole,
Vous l'est trop sir vous va passe à la zcole.

FABLE IX

LE RENARD ET LA CIGOGNE

(Li Cien ensembl' z'aigrette)

Li cien noir d' François Magallon
L'était invit' commèr' z'aigrette
Pour vient manzer rougaill' civrette,
Kary brinzell' et brèd' cresson.
Li dit tout bas : (guell' son mal faire !)
« Vous n' manz'ra pas tout mon commère ;
« Li grain manzer pili pili morceau. »
Li fait soso di riz, soso clair comm' di l'eau.
Quand qu' manzer finit couit, z'aut' dé l'assis' à table,
Mais li tout sel pour mauzer l'est cacable,
Li baliait li plat rondement
Et man z'aigrell' y guell' sel'ment.
Son la bec l'est trop long', li piq' piq' comm ça même,
Li pé pas manz' manzer l'est mou comment la crème,
Mais li fait pas semblant li dit : « merci, z'ami,
« Vout' tour aussi mon cas' vous va vini,
« Quand qu' moi n'a r'joind' di monde honnête,
« Tout comment vous, moi coutim' rend' z'aut' fête.
« Moi n'en a cousin' Bras-Panon,
« Zédi, va porte à moi la viande ensemb' graton...
« — Va porte à vous la viande ! soupelait, mon commère,
« Ci zour là nous va fair' bonn' cère.
« N'a point quéqu'çòs' qui va fair' moi rester ;
« Zédi matin vous pé compter. »
Zédi matin li l'arrive avant l'hère.
Z'aigrell' visaz' çagrin l'a commence : « Ah ! compère,

« Vous là voudra bien séquiser,

« Çat la saut' sis la tabl', tout' li plats l'a brisé.

« Moi l'était' blizé mett' manzer dans n'gargoulette. »

(N'avait siprit commèr' z'aigrette !)

« Allons-nous manz' touzours. » Son grand la bec pointi

Plonz', quand même li trou l'est piti,

Li hall' hardiment bon bouçée,

Et li cien tant sél'ment li sentir la fimée.

Faut voir vilain grimaç qu' li fait,

Quand qu' li souq' gargoulett' pour avis' li collet.

Ein' fois qu'z'aigrette plein ventr', li dit : « Salam, compère,

« Moi s'en va, moi n'en a z'affaire. »

Quand qu'zaut' la séparé, n'a pas 'tait bons amis.

Li cien, li ventr' plat, tout camis,

La r'tourn' la cas' son maîtr', son qué rentr' son patte. »

Vous donne à moi manioc, moi rendre à vous batate.

FABLE X

LE MEUNIER, SON FILS ET L'ANE

Moin l'entendi conté (sait pas trop qué l'endroit,
Sais pas côté Saint-Paul, ou côté Saint-Bénoît),
Zens libr' l'était condir' au bazar z'aut' bourrique,
Pour z'aut' payé vingt piast' z'aut' y doit man Mounique.
Z'aut' l'était parti dé, li papa, son z'enfant.
Pour fait faraud z'aut' bêt', pour nana l'air fringant,
Z'aut' l'amarr' son quat' patt', là pass' gros bois gaulette.
    A c'thèr li papa, son garçon,
    L'a souq' par dé bouts z'aut' tacon,
Et z'aut y carriait li com' mamzell' qu'en toilette.
A peine bourriq' en l'air y pendiait dan'cimin,
Comment battant la cloç', à v'là qu'ein noir malin :
« Compèr', dire à moi vous, ça la mod' mozambique
« Qu'di mond' comment volaill' y taconn' z'aut' bourrique.
« Ça qu'ein zouli madam' pour va rôd' palanquin,
« Allons fait rigaga, oui va, n'avait !!.. li cien…
« Adié, moi press' li pas, moi quitte à vous darrière,
« Vous va fait moque à vous dan' tout' cimin entière. »
Z'enfant dit : « Tout di bon, ça l'est pour crâz' mon z'os.
« Bourriq' la lass' mon reins, moi s'en va lass' son dos. »
Saut' dissis. Li papa tout lambin par darrière,
Li train' son zambe. A v'là qu'ein maman bazardière,
(Vous connait bazadièr', ça l'est toujours 'fronté,
Çà n'a point d'aut' travail qu'fair' z'aut' lang' trotté.)
La commenç' moque à li : « Çà la façon nouvelle !
« Ton papa 'touff' di çaud, comment vié haridelle,

« Et toi z'enfant lou-lou, toi fait ton sais pas quoi,
« Toi fait comment li blancs qui promèn' baraçoi.
« Allons, descends, m'avouz'. » Z'enfant n'a pas 'té bête,
Li l'a r'lève à son tour : « Prends gard', maman, vout' tête,
« Vous sacouill' vout' panier avec vout' l'embarras,
« Sombli fini çappé, brinzell' va timbe en bas. »
Mais, quand mêm' son raison, la gagné grand la honte.
Arrive ein pé pis loin, li d'scend, li papa monte,
Z'aut' la 'mazin' bien faire avec z'aut' l'arranz'ment,
Mais fait tout ça qui vé di mond' zamais content ;
Ça qui vé flatte à li nana trop fort l'ouvraze,
Pour fait tout' volonté faut qu'nana bon couraze.
A v'là pas qu'arrivé proç' ein pied tamarin,
Z'aut' l'a r'zoindr' trois négress' après vend' flangourin.
Acoute à vous li fill' : « Guett', ma cèr', vié papangue,
« Son z'enfant 'touff' di çaud, li tiré son la langue,
« Et çà verrat l'engrais li roulé son li rein,
« Comment di mond' malad' s'a va rôd' cirizien ;
« Vous n'a pas gouvèrnèr'; visaz' coulèr' marmite,
« Pour fait lèv' la poussièr' ensembl' li pion vout' souite. »
Li papa prend colèr' : « Dis, toi n'a pas bésoin
« Zett' ton mauvais raison ça qu' di mond' dans n'cimin,
« Ton la lang' l'est trop l'zèr', mett' pas moin dans ton conte ;
« Ha dié ! bon dié, zourd'hi moi gagné trop là honte,
« Mont' z'enfant vitement si la croup' mou z'ânon. »
Pauv' diab' ! quand son dé mattr' l'était califourçon,
Li souait, li dos pliait comment bâton vié bobre.
(Rié pas, z'histoir' li vrai, çà l'arriv' mois d'octobre),
Son z'oreille y brannait comment la feill' bambou.
Et pour chant' son mautèr', ma foi ! n'a point li goût ;
Li va quéti, quéti. Quand qu'larriv' Sainte-Marie,
Z'aut' la r'zoindr' eir. gros blanc, li la commenç' qui crie :
« Papa, si ton zân' mert, au moins garde la peau,
« Z'en prendrai des souliers ; porte-la cez Rambeau. »
Ça mêm' l'acève à z'aut'. Pauvre papa maïoque !
Quand li voit li blancs mêm' la commenç qui s'en moque ;
A terr' z'aut' dé. A c'thèr bourriquet, z'oreill' haut,
Comment gros négociant, li promèn' en faraud.
Mais n'a pas tout encor : arrive à proç' la Mare,
La bande moussié l'rion l'était fouillé cambâre,
(Moin crois bien commandèr mautèr' n'a pas tè là),
Là commenç' pourgalé : « Holà, z'amis, holà !
« Dire ein pé ça z'ânon, cousin di roi Radame,

« Qu'z'aut' y flatte à li comment mari son femme ;
« Mais z'aut' la dépass' bêt' ! quand qu'eln maîtr' l'est trop bon,
« Bourriq' dit dans son cœr : Moi li maîtr' li qu'zànon ! »
Li papa la r'viré : Oui, moi z'ànon z'arabe,
« Moi milet la Plata, tout bourriq' qu' vous cacabe,
« Appell' à moi bourriq', appell' à moi milet,
« Bourriq' n'en a bon têt', comm' mon famill' moi fait,
« Z'aut' montre à moi siprit, avant moi l'était bête,
« Azourd'hi qu'moi bourriq' moi va faire à mon têle.

FABLE XI

LE REQUIN

A proç' li cap bon' l'Espérance,
Ein jour ein gros papa réquin
L'était rôdé pour remplir son la panse';
Çà bébêt nana toujours faim.
A v'la qu'li la guette ein navire.
« Ho! ho! la dit, moi gagn' manzer. »
Li pliç' son dents, li tourn', li vire,
Son la bouç' commenç' démanzer.
Mais capitain' n'a pas té bête,
La souque ein gros morceau di lard.
« Réquin, li dit, ton viand' li prête,
« T'al'hèr toi payé ton vantard. »
Li réquin l'appell' son pilote :
« Pilot', la dit, moi fair' ribotte. »
Pili pilot' l'était filé :
« Manz' pas, réquin, quand mêm' pâté,
« Quand mêm' zambon, quand mêm' saucisse,
« Car li blancs là nana malice ;
« Moi dire à vous manz' pas réquin
« Car sous la viande nana li z'ain.
Li réquin l'a répond tout en colère :
« Pilot' vous nana trop mystère
« Moi vois bien vous là laç' li cœr,
« Nous pé sauver si vous la pèr. »
Li lanc' ein coup! li l'attrap' son bucée,
Mais v'là son la guèle accrocée.....

Halle à bord! tout' li matilot
Bourr' gros di bois dans son zabot,
Z'aut zir' à li dan' tout' manière
Z'aut fait passe à li la misère.
Quand' tout matilot la bien ri,
Z'aut y fait couit', pour faire cari;
Dans n'mât z'aut' y clout' son mâçoire.
Ça même la finis mon z'histoire,

Fais pas comment réquin, z'ami,
Son gourmand la fait mort à li.

¶§¬ɔ©¬ɔ©¬ɔ©¬ɔ©¬ɔ©¬ɔ©¬ɔ©¬ɔ©¬ɔ©¬ɔ©¬ɔ©¬ɔ©¬ɔ©¬ɔ©¬ɔ©¬ɔ©

FABLE XII

L'AIGRETTE TROP VANTARD

Approç moussié La Gourgu' dans n'li haut bras d'civrette,
L'avait ein trop vantard z'aigrette,
Çà l'était fier tout comme ein Paon
Pour li n'a point quiq'çôs plaisant :
Quand qu' li voit di l'eau claire et belle
Li mir' di dans, li fair' çiuill' brinzelle,
Li març en tortillant, li navigue au roulis
Comment plis d'ein manzell' dans la vill' Saint-Denis.
Ein matin li descend, pour fair' voir son visaze,
Li s'en va l'étang Saint-André
Li' mazin' côté là trouver son badinaze,
Qu' li f'ra son l'embarras quand mêm' bon gré, mal gré.
Quand qu'li l'approç li bord, bel milets y promène
Comm' pour dire à li : bon manzer !
Mais nout' vantard z'aizrett' dit : « Çà n'a pas la peine
« N'a pas encor' l'hèr' dézéner. »
Li pique ein cours' di côté di Bois-Rouze,
Son l'appetit y commenç gratte à li,
La çaler la rend' son patt' rouze,
Li l'a r'grett' milets li la vi.
Mais n'a plis là. Li voit des loç bien grasse
Qui dort tout au bord dans di l'eau.
Li l'a commenç fait la grimace :
« — Des loç! manzer canaill'; moi vé poisson plis beau.

Li sorte encor'... son l'estomac cacaille
Qu' l'a 'blizé dir : « courons vite à L'Etang,
Manzons, si n'a pas d'aut' ; ça failli loç canaille ;
Mon la faim commenç l'est trop grand.
Mais loç la plonzc au fond ; cabots s'il' y rencontre
Encor' n'a pas beaucoup qui montre.
Z'aigrelte y prend colòr : « A qu'faire à moi cabot
« Avec ça gros-ball' là moi bourrer mon zabot ?
« Autant vaut grinouitt' la rigole,
« Ou biçiq' à trois sous la bolc.
« Moi r'tourn' mon cas'. . Arriv' mitant d' cimin
« Li n'en pé plis, l'est curazé la faim !
Devin' quouqu' la manz' nout' z'aigrette
Qu' son vantard dans n' son cœr y pète ?
Li la trouve cin gros l'escargot
Et l'aval' comm' cin citt', pour plein-ventre son zabot.

    Moi razist' là li zouli fille
    Li mamzell' z'aut' y dit d' famille ;
    Quand qu' la saison vient pour marier,
    Z'aut' vantard y commenç babier.

— « Moi vé pas zène' homme là son gros nez l'est trop longue.
— « Moi vé pas cé l'aut' là, son bouç comment bouç'rongue.
— « Moi vé pas z'aut' voisin, avar' comment banian,
— « Li donn'ra pas calèc' ni des rob' à volaut.
Mais qui r'fis' mis' comm' li blancs y raconte
Et z'aut' parol' vient parfinir mon conte.

    Z'aigrett' trop fier finit par souque cin escargot
    Et mamzell' trop çipèq' épous'ra vié magot.

FABLE XIII

LI LIÈVRE ENSEMB' MAN-TORTI

Ein zour maman Torti demande à Lièvr' faraud,
Pour z'aut' parier ein cours' çà qu'arriv' ra plis tôt.
Lièv' commenç' moque à li. — « Comment, mon gros commère,
« Vous' mazin' tout di bon va quitte à moi derrière !
« Mais vous la dépass' fou!.., Vout' n'âm' vous va hallé,
« Comm' çarrett' di Géni' dans n' cimin di brilé.
Torti la r' poud : « assez, 'stin' pas moi davantaze.
« Gros pied di bois là-bas va serve à nous bittaze.
« Lièvre y révir! Arranz' vous, pis q' vous y vé bitté,
« Tant mié pour moi... Bien sir, vous y s' ra dégoté.
L'a partis, man-torti hall' son gros carapace
Et li lièvre en misouk faire à li la grimace.
« Hall' li dit, gros commèr, hall' tout ton l'emplacement
« Comm' milets embourbés quand la rivièr' descend ;
« Moi va març' à mon ais' ; quand qu'li trouve ein z'herbaze
Li mord' ein pé didans comm' pour fait badinaze.
Temps en temps sis son fess' li debout en fiçant.
Comm' pour dire : « man-torti, ah bon dié qu' vous l'est lent !
Pour moque encor' plis fort li dit dans n' son langaze :
« Gros commèr , moi n'a l'temps nettoyer mon visaze. »
Avec son patt di d'vant li gratter son miseau,
Comm' si va fair' son barb' , ou comme ein vié zacquot.
Enfin pour mié fait voir tout son vantard cataque,
Li l'allonz' tout son long dans n' milant la fataque.

Li guett' torti marçer qui débatt' et qui soué,
Tout comm' èin gros soufflèr sis les récifs éçoué.
Enfiu l'i r'gard' di côté di bittaze...
Li voit torti bien proç qui hallait son couraze.
« Allons, l'est temps! » Li dit. Li la prend son z'élan,
Li court comment cabri qui sauv' Villiers Adam.
Mais li n'en a beau fair, l'a s' trouv' bien camiçatte,
Quand qu'li voit qu' man-torti la touç' la born' son patte.
Qui çà qu' Lièvr' ? — Z'écoliers ça qui gaspill' zaut' temps.
Qui ça qu' Torti? — Z'elèv'çà qu'l'est bien travaillans.
Moi raziss' çà tout li z'enfans collèze,
N'en a qu' la têt légèr comment bouçon di lièze.
Comm' z'aut' n'en a bon têt', z'aut' y fait z'aut' vantard,
Au z'é z'aut' y mett'-vit' , y mett' au travail tard.
Mais laquell va gaigner ? Tout mavouz' sans cervelle,
Ç'à mêm' va gaign' couronn' ? n'a point, va gagn' miguèle
Zécoliers raisonnab' çà qu' blancs y nomm' plocèrs.
Va racler tout li prix... Couraze aux travaillèrs.

FABLE XIV

LA PÊCHE DES BICHIQUES.

Bourbon ein bon payés quand même.
Oui, l'est bon comm' batate en crême.
Ça qu' plis pauv' n'a pas pèr la faim,
Li n'en a bengal' dans n' son main ;
La fraid l'est pour li badinaze
Qui sacoué li pour faire l'ouvraze.
Quand qu' moi dit qu' Bourbon l'est vanté,
Guêtt' si n'a pas la vérité ?
Bon Dié mêm' donu' bon vivr' bien saine
Sans qu' n'en a besoin prend la peine ;
Nourritir' là, nous criol' nous connais....
Dire ein pé si pour nous n'a pas envoye exprès.
Ein' fois qu' moi n'aura nomm' biçique
N'a pas besoin qu'ein quéquein' y siplique,
Biçique çà cadeau di bon Dié
Pour nous souque, empare et çarrié.
Quand qu' nouvell' lun' la cacièt' son figuire
Ça pitit poisson là rentr' dans çaque emboucire.
Biçique y monte ! ! !... Quand qu' nouvell' la fané,
Tout li criol' z'aut' y dépêc' branné ;
Çaquein y d'send ensemb' son vouve ;
Çaquein y prend tout ça qui trouve ;
Li nigress' apport' z'aut' zipon
Pour fait barraz' pitit poisson.
Quand qu' l'arriv' la Rivièr, c'est là qu' n'en a tapaze,
C'est là qu' çaquein bouill' dans n' l'ouvraze,
Qu' z'aut' y sipit' pour bien placer,
Et pour z'aut' rigol' bien tracer.
Çi zour là n'a point camarade,
Li poings y roule, n'en a croçade ;

Et batalll' y' gomente entre çaq' travalllèr
Si li rhum y ferment' dans n' la têt' li pécèr,
Car tout li zeus qui fait rigole
Dans n' bertell' n'en a sou p'tit fiole,
« Allons toué, sort' d'ioi, çà la plaç là pour moi !
« Pour toué. . N'avait li çien.:. Moi n' donn'rait pas li roi. »
« Est-ce que n'en a la plaç gardée »
« Ti crois donc qui louait à l'année ? »
« Si toi fair' l'embarras, toi va gagner li z'ain , »
« Qauff pas trop mon la têto, et fil' dret ton cimin. »
Li z'aut' cotés n'en a sipit' pareille,
Tant et tant qui çass' li z'oreille.
Pendant tout çà mic-mac ça qu'en a l'ambition,
Plonz' dans di l'eau zisqu'au menton,
A çaque instant y r'tir' son vouve,
Souvent à moitié pleine y trouve ;
Y souq' biçiq' qui bouille autant épais,
Qu' la sabl' quand qui couvr' les galets.
Y remplit tout soñ sacs, son paniers à la ronde,
Li tellement pleins qu'tout y débonde.
A c't'hèr, fil' rondement nos zeus sis Saint-Dinis,
Avlà l' moment qu' nous va faire nout' profits.
Et çàquin à la course, y galope sis la route
Et n'arrête ein minite rien qu' pour prend son la goutte.
Arrivés Saint-Dinis l'eusive y roufl' trois coups.
Biçique ! à vlà biçiq ! ! ! prend vite ! la bol six sous.
Çaquin y timb' dissis, çaquin y vé son bole,
Autour de çaqu' vendeur ein tas d'aç' teurs y colle.
N'a pas li temps dir : ouaye !... Biçiqu' la partazé,
Et li z'épaul' pèrer l'est bien vit' soulazé ;
Car tout' di mond' St-Dinis y vé goûté çà manzaille,
Li zens riç pour biçiq' troque ein zour z'aut' volaille,
Et li puvr' qui n'a point l'embarras troq' li plats,
L'est content qu' pour six sous, li pé faire ein bon r' pas.
Merci donc mon bon Dié, merci la nourritire,
Qu'nous donn' dañs Mascarin pour tout' vout' criature,
Çaq' fois qu' biçique y monte' , nous doit bénir à vous,
Pisque vout' Providençe' souze à nourrir à nous.

FABLE XV.

LE RENARD ENSEMBL' LI BOUC.

Pitit renard fité l'était faire ein voyage,
Ensemble ein papa bouc gras comm' vié négociant;
Son li corn' l'était long' comment les dents z'alphant.
Z'aut' dex amis' la route en contant badinaze.
Mais, quand qu' la travers' Grand-Brûlé,
Z' aut la lang' dans' n'la gorz' v'là qu' l'a commenç collé.
Li bouc commenç : « moi tout en naze !
« La soif y touffe, y 'tranglo à moi ;
« Moi n'a pas cacab' davantaze,
« Mon la langu' vini sec comm' çà qu' milot d' çarroi.
Enfin z'aut' l'arriv' Saint-Philippe,
Li bouc la gué l' encor : « bon Dié ! Moi l'est fini ?
« La soif y broulé mon la tripe,
« Trouve ein pé di l'eau, mon z'ami.
Li renard l'a r'viré ! « Guette !... ein puits !... Bon couraze,
« N'en a beaucoup di l'eau dans n' fond,
« Vous va rafraichir vout' visaze ;
« Embarrass' pas si l'est profond.
Tout' dé saut' en brital, sans casser z'aut' la patte ;
(Ma foi Dié ! Z'aut' l'avait bonhèr),
Z'aut' y détremp' gosier qui gratte ;
Mas'sire à vous z'aut' y boir di bon cœer.
Z'aut' y boire, y boire grand gorzée,
Z'aut' ventr' l'est gonflé comm' ballon,
Faut voir z'aut' moustaç tout' frisée,
Qui plonz'sous l'eau zisqu'au menton.

4.

Enfin li bouc la r' prendre haleine :
« Hà ! ! ! moi la bien boir' , Dié merci,
« Moi l'a rempli mon gros bedaine.
« Mais comment qu'va sortir d'ici ?
Pitit Renard filé l'a r' pond : « dalon, acoute ,
« Çà qu'mon siprit t'à l'hèr' vient d'maziner.
« Moi la trouvé moyen de r' tourn' dans la bonn'route ,
« En haut di puits moi l'est sir nous ram'ner.
« Dibout' à vous contr' la miraille,
« Moi grimper tout di long vout' dos ;
« Moi n'a pas plis lourd qu'ein marmaille ,
« Vous n'sentira pas l' poids d' mon z'os.
« Arrive en haut, moi tendre à vous la patte ,
« Pour bien halle à vous en montant....
« Li bouc bêbêt' comment criol' batate,
Laiss' fair',.. Renard dehors, la commenç son fiçant :
« Z'ami, siquise à moi, n'en a beaucoup z'affaire,
« Salam, moi quitte à vous darrière ;
« Mais commenç plis quéq'çôs' vous n'a pas sir finir,
« Descends plis dans ciu plaç vous n'a pas sir sortir.

FABLE XVI.

LA CAILLE ENSEMBL' SON PETITS.

Ein maman caill' dans n' foutac Saint' Sizaune
Proç li coin d'ein çamp d'riz l'était caciêt' son nid.
L'était tout au bord la savanne,
Mais di riz dépass' mir. Par malhèr, çaq' pitit
L'était encore et tout tendre et tout ni
Pa Zozoq' li maîtr' di plantaze.
Vient guett' son riz, li soir aprèʒ l'ouvraze.
« Ah ! soupelet ! bon Dié ! mon di riz l'est perdi,
« Si li vent va souffler, trop sir va grain' à li.
ʒ Ein récolt si zouli, si plein ;
« Cours z'enfant vitement dimain çez tout' voisin
« Dire à z'aut' rondement viens donne à nous la main.
Li maman caill' dire à son p'tit famille
Qui pouvait pas bouzer. — ʒ Braun' pas dans vout' couquille ;
N'a pas dimain zour d'embarras,
Masquein voisin n'y viendra pas.
Pendant trois jours n'entendre pas tapaze ;
Auquein voisin vé quitter son l'ouvraze,
Pa Zozoq' vient encore : « Di riz moi n'aura pas.
« N'en a dézà qu' la timbe en bas...
« Cours z'enfans dir' z'amis : viens vitement sans faute,
ʒ Manqu' pas vini, qu'moi compter sis tout' z'aute.
Çaq' z'ami rest' mavouz', aussi bien comm' voisin,
Masquein' vient pas serrer li grain.

Pendant tout' ci temps là, li p'tit caill' y proufite
La plim' dans n' son z'aile y pouss' vite,
Pa Zozoq' y vient voir cin troisièm' fois son çamp
A force colèr li pliç son dent :
Li dir son garçon : « D'main, grand matin prends faucille,
« Moi fler pas davantaz' li voisins, la famille,
« Nous va commenç dès qu' nous voudra,
« Nous va finir quand qu'nous pourra.
Li maman caille y dit : « Allons lèv' nout' bagaze,
« Partons, dépéçons nous, sans tarder davantaze,
« Li p' tit caill' capé cap la train' son patt' dehors,
« L'endimain dans la plain' l'était cacièt z'aut' corps.
 Vous n'a quéq çôs' pressé pour faire?
 Fais vit'ment vous-mêm' vout' z'affaire.
 Si vous y rôd' parens, si vous y fler z'amis,
 Vous va s'trouve enguézé, vous va rester camis.

FABLE XVII

LE RAT DE VILLE ET LE RAT DES CHAMPS

Salazi', dans n'la grande Ilette,
N'avait ein rat, vié zhabitant ;
Sous ein gros roç, à proç ein bois d'gaulette,
Li n'avait bâti son boucan.
Dans n'son p'tit' cas li vivr' tranquille ;
Li content batat', bred' lastron ;
Li ' mazin' pas sel'ment la ville,
Son cœr l'amarré 'bitation.
Ein jour li l'entend grand tapaze,
Ça l'était ein rat Saint-Dinis
Qui gratt-grattait la port' son case ;
Quand qu'li la rouvr', la rest' camis.
(Dans n'son grand-bois l'était hontése
Çaq' fois qu'li guett di mond' 'tranzer);
Mais li rat Saint-Dinis dans n'son façon joyèse
Dit : « Moi vient voir à vous, si n'a pas dérauzer ;
« A la vill' moi l'était malade,
« Mon l'appetit n'a pas 'tait grand,
(Zens trop riç souvent mal portaut !)
« Moi l'a vient prend' li-z'eaux pour faire ein promenade,
« Med'cin l'a dit qu'l'est bon pour mon tempérament ;
« Comm' moi l'annoui' la sourç', moi vir'vir la zournée,
« Tout' li côtés, moi sauter comm ' cabri ;
« Pendant qu'après rôder, moi l'avis' vout' fimée,
« Ça mêm' que moi l'a rentre ici
    — « Vous l'a bien fait l'a r'pond li mattr' la casé,
« Moi l'est bien content voir à vous ;
« Et nous va fait z'amis sans tarder davantaze ;
« Vous va prend' ein coup d' sec et diz'ner ensembl' nous. »
A c't'her, rat d'Salazi' li branner son ménaze,

Pour li parpar son dizéner :
(Traite ein zeus Saint-Dinis, ma foi dié ! grand l'ouvraze.)
Ça qu'li n'en a d'meillèr li pourgal' pour douner.
Quand qu'li diz'ner l'est prêt, z'aut'dé l'assise à terre.
Li rat d'vill' l'allonz' sis bersac ,
(L'était la plaç' d'honnèr,) l'aut' li rat rest' darrière
Pour régl' son politess' prend gard' va fair' mic-mac.
Li serv' sis feill' banan' li sonz' ensembl' batate,
Mais li rat Saint-Dinis goût' ça li bout d'son dent.
Li pé pas envaler, li trouv' qu'li sonze y gratte,
Ét pour manzer batat', ma foi ! n'a pàs gourmand.
Li pauvr'rat 'bitation (li la'mazin' bien faire),
L'a vouli mett' à tabl' morceau tang' boucané
Qu'li l'était gard' l'année entière,
L'était dir comm' di couir tanné.
A pein' li rat gros-têt' la sénti l'odèr tangue,
La lève ein coup, la sauv' dihors boucan,
Son l'estomac la r'mont' zisqu'à son langue :
« Moi mal au cœr, li dit, ça prendre à moi souvent ;
« Mon cer ami, bien grand mérci voul' tangue,
« Mon tour aussi moi va régale à vous ;
« Sivre à moi Saint-Dinis, quitte ein pé voul' zang-zangue,
« N'a pas zist' vous rester comment vié toulouroux
« Dans n'mitant voul'grand bois ; allons nous fair' bombance,
« Sivre à moi Saint-Dinis, voir tout' quéq' ços' nouveaux ;
« Allons nous prend' la dilizence ;
« Moi fair' manze à vous bon morceaux.
Zab ! zab ! zab ! z'aut' y court, z'aut' arriv' la grand'route,
Z'aut' caciét' proç la case à Prosper Valentin.
Li rat d'Saint-Dinis dit : « La voitir vient l'acoute...
« Acout' sonnett' cival, acout'... drelin, drelin !... »
Pendant qu'Moussié Zilien la d'scend boir son la goutte,
Li dé z'amis la coul' sous l'paquets vitement...
Fouett' cocer, rondement comm' l'armée en déroute ;
Z'aut' l'arriv' Saint-Dinis à proç soleil couçant.
A terr' z'aut' dé... z'aut' y gliss' sous la paille
Pour laisser timber la clarté.
Dès qu'y fait noir : « Allons nous fair' ripaille , »
Commenç dir' li rat d'vill' fité.
« L'Hôtel Zoinvill' nous pé vanté.
« Zistement tout li capitaines
« Azourd'i l'a donn' grand diner ;
Nous va trouver li tabl' tout' pleines ,

Nout' dents n'aura pour travailler,
Comm'ça qu'li rat d'la vill' li l'arranz' son z'affaire.
Son camarad' sivre à li doucement,
Son cœr y fait tic-tac, li guett' souvent darrière,
Li là pèr, Saint-Dinis si grand !
Z'aut' dé la pass' dissous la porte,
Z'aut' la rentr' dans n'mitant d'salon,
Bon manzer z'aut' y trouv' tout' sorte,
Volaill', pâté, censerv', zambon.
Faut voir comment z'aut' dé grignotte !
Croc, croc, z'aut' y friç, hardiment,
M'assir' à vous, n'a pas besoin piment.
Mais v'là qu'ein domestique y rentre...
Couh',.. nout' dé rats la saute en bas.
Z'aut' n'a pas' fait moitié plein ventre
Qu'zaut' l'est dézà dans l'embarras.
Li domestique y sort... à o'thèr li rat d'la ville
L'a dit : « Allons nous manze encor ; »
Mais li rat'bitation rest' bêt', n'a pas tranquille,
Di pèr l'est dézà moitié mort.
Li r'commenç' pourtant son boucée,
Li bourr' pâté dans n'sou zabot...
Miaou ! vlà, qu'ein gros matou la saut' par la croisée,
Li vé gaigner son part d'fricot.
Li dé z'amis lance ein coup par la f'nètre ;
(L'étail rest' ouvert' par bonhèr.)
Li rat d'vill' dit : « Tal'hèr, pét-ètre,
« Nous pourra rentrer. — Moi la pèr,
« Moi la pèr trop ; salam, compère,
La r'viré li rat'bitation,
« Grand merci vout' l'invitation'
« Moi n'embarrass' plis vout' bonn' çère,
« Saint-Dinis troubl' mon dizestion ;
« Pour moi manz' tranquill' mon ration,
« La grande llette l'est plis meillère ;
« Moi s'en va r'zoindre' mon brèd' lastron,
« Moi n'acout'ra plis l'ambition,
« Vaut mié manzer gros balle et dort la nouit entière.

DEUXIÈME PARTIE

RÉCITS ET DESCRIPTIONS

DIDIER MAILLOT

AU TRIBUNAL DE MONSIEUR DUPAR

~~~~~~~~~

Conte en prose créole

~~~~~~~~~

Bellonni Pitou : — Ah ! men ami Didier qu'moi l'est content voir à vous ! Si longtemps que nous n'a pas rejoindre l'ein l'autre ! Mais quouque vous n'en a que vous y descend di Barachois en marchant torte comment carabe qui na perdi trois pattes...

Didier Maillot : — Ah men ami, parle pas à moi tout ça, moi y enraze, mon cœr l'est plis gros qu'z'announe que la dépasse mîr. Moi la timbé di haut de rempart, moi capécape que tout mon z'os y craque dans n'mon corps, et z'aut' y acquise a moi que moi la tié mon cousin didat Sparou et z'aut' y appelle à moi assassiner. N'a pas toute encore. La police l'a fait souque à moi sis mon lit et z'aut' la carrié à moi dipis Saint-Louis zisqu'aux bateaux la Possession, dans ein p'tit palanquin la toile, comme coçon que di monde y taconne pour vendre. Ha Dié, bon Dié, mon cœr y saigne, moi y dit à vous ; et à c't'hère faut qu'à dix heures moi l'est rendi la case di zizo ; et moi y connait pas licimin.

Bellonni. — Allons, men ami, grand bonhèr vous la rezoindre à moi !... Souque mon bras, moi va halle à vous en montant, zisqu'au tribinal la zistice.

Didier : — Ah ! mon cer ami di bon Dié, vous va discours à moi beaucoup. Grand merci.

Et les deux amis clopi-clopant arrivèrent à l'audience.

Monsieur Dupar : — Inculpé, vos noms et prénoms ?

Didier : — Mon bon zize, vous y trompe : moi n'appelle pas l'inquilpé, moi y appelle Didier Maillot, fils de Cocol Maillot mon fé défunt père qu'est mort et enterré.

Monsieur Dupar : — Bon, bon, qu'avez-vous à dire ?

Didier : — Quouque moi n'en a? moi n'en a ein p'tit la case couvert en vacoua, moi n'en a ein p'tit çamp de batates, moi n'en a dé coçons l'engrais, moi n'en a ein ziment grise qui pé vanter dans n'out quartier dipis l'Etang-Salé zisqu'à Saint-Pierre.

Monsieur Dupar : — Mais vous ne me comprenez pas. Je vous demande ce que vous pouvez dire pour prouver que vous n'avez pas tué votre cousin?

Didier : — Ah! mon bon zize di bon Dié, Sainte Vierge Marie! Moi conte à vous dret comment que toute l'arrivé ; à c't'hère vous va voir si moi ein assasiner ; comment qu'z'aut y dit pour mortifier mon z'oreille. Acoute à vous :

Moi l'était trouvé ein mouce, ein vié mouce, dans n'haut de la rivière di rempart. L'était la saison di miel vert. Moi y descend pour dire nout' voisins : z'amis, si z'aut'y vé, dimain nous va ramasse au moins quatre calebasses miel vert ; moi la trouve ein mouce, ein famé mouce! Cinq y rassemble pour monter. Nous y parte di frais matin. Moi y dire nos zens : hola, z'amis, mont'pas dans l'bois li ventre plate, fouille ein pé batate en passant pour mettre dans vout' bersac. Nous l'a çarrié aussi ein bouteille rhum pour çauffe ein pé nout' l'estoumac. Arrive en haut, nous y allime di fé, nous y boire ein misquet de rhum par dissis ; après nous y dit : a vlà li mouce, mais rempart l'est à pic comme la miraille? Quoique nous va' maziner?... Didat, zistement çà qu'lété tué, la commence : Pisque nous n'a point la corde, nous même va remplace à li. Nous va pendiller l'aine à l'autre jusqu'à ce que y rezoindre la guèle li mouces. Bien' maziné, toute la crié, allons-nous vitement... çà que plis fort la souque la brancé d'ein arbre, ein autre la coule zisqu'à son zambres, ein troisième glisse aux civilles di second; çà qu'en haut y commence dire : z'amis, paquet l'est lourd! Moi li quatrième l'allonge dans n'talons li troisième. Çà qu'en haut y 'guèle ; hà! mon main y broule comme piment!... Enfin, pauvre Malahèle Didat l'a pendre son corps en bas de la mienne. Z'amis, la crie ça qu'en haut, poignée y glisse, va çapper! ein y a revir : crace dans n'ton main, va colle plis fort. Pauvre diable! li rouvre son main. Ah, ya, ya! soupelet mon cer zize, bon, bon, couh! toute la grappe l'arrive en bas d'rempart, et pauvre Didat l'était crasé comment citrouille maffe. Moi même li z'os la vini en canïqui, dipis ci jour là, moi y hall mon n'âme... Hà, moi la gaigne grand miguèle, et z'aut' y dit qu'moi la tié par malice mon cousin Didat, moi q'la pléré comment li vaç qui perde son petit,-quand que moi la vi à li mort; moi qu'la açeté trois aunes la toile blée pour porte son deil! Hà di monde l'est trop calamouka, ma foi dié!

Monsieur Dupar : — Didier Maillot, votre déposition porté le cachet de l'innocence et de la vérité. Le tribunal vous acquitte et vous renvoie dans vos foyers.

Didier. — Ah ! mon vrai zize, mon roi des zizes à vlà un homme !
ah ! qu'moi l'est content mes amis ! moi n'a pas assassiner, non, va...
n'avait ! di monde mauvaise langue, moi coude à z'aut' à cét'hère ; ça
langue là n'a point li z'os. Ah ! mon roi des zizes, moi va conte vout
nouvelles dans nout' payis, si jamais vous y vient St-Louis, toute créole
va régale à vous. Vous va renoncer sis l'boucané et sis l'coups de sec.
Si vous n'à besoin la ziment grise pour vout' voyage prend a li, reinte a
li, fais galope à li. Adieu mon bon zize, moi n'oubliera zamais li nom
d'moussie Dipar li plis meillèr zize qu'n'en a dans n'toute Mascarin ! ! !

SAINTE-HÉLÈNE

~~~~~~~~~

Salut! Océanique Ponton où le Léopard tortura lentement l'Aigle enchaîné; salut! nouveau Caucase où le vautour d'Albion déchira si longtemps les entrailles du moderne Prométhée; salut! monument éternel de gloire française et d'opprobre britannique; te voilà donc enfin!

Telles étaient les pensées tumultueuses qui s'agitaient dans nos âmes, quand l'Ile de douloureuse mémoire apparut à nos yeux dans un lointain vaporeux, et notre impatience devançait les vents qui nous entraînaient rapidement vers elle. A mesure que nous approchions, nous évoquions les descriptions de Norvins et de Las Cases. Identité parfaite! Nous avions lu et nous voyions. La réalité dépassait peut-être ce qu'avait rêvé l'imagination. A la vue de Sainte-Hélène on pense à l'Enfer du Dante :

Voi ch'entrate, lasciate or mai ogni speranza !

Sainte-Hélène est inabordable, et partout où l'escarpement avait laissé soupçonner quelque déclivité praticable, l'Argus écossais, le cauteleux Hudson-Lowe, a hérissé les rochers de canons et de vigies. Le seul point accessible est la riante petite ville de Jamestown, tapie au fond d'un gracieux ravin, comme un nid d'alcyon sous une fleur marine; mais, partout ailleurs, un sol de bronze sous un ciel de feu. Voilà Sainte-Hélène, ce vaste laboratoire des gaz sous-marins de l'Atlantique; et c'est sur ce rocher calciné que les Anglais avaient exilé Napoléon! Ils lui ont, sans y songer, donné une sépulture analogue à sa destinée : c'était dans la cendre d'un volcan que devait être ensevelie la dépouille de cette âme de feu...

A peine avions-nous débarqué, que nous partîmes pour Long-wood, but de notre pèlerinage.

Au sortir de James'Town, rien de plus mort, de plus muet que l'aspect des sites adjacents. Pendant les deux premières lieues, pas un oiseau, pas un brin d'herbe, pas un insecte. Partout le roc rigide, violâtre, d'un luisant métallique, sans le moindre indice de végétation. Mais quand on arrive au premier plateau, la nature commence à sourire aux yeux ; les pentes se revêtent de mousses ; des aloës aux cierges bleuâtres et des géraniums s'élancent des fentes de la lave, et on arrive à la ferme de *Briars* où Napoléon passa les premières semaines de son débarquement. Ce riant *cottage* et la splendide habitation de *Plantation-House* forment la zône végétale et printanière de l'Ile. Là, de fraîches prairies reposent l'œil ; là, de limpides ruisseaux humectent l'atmosphère ; là, le chêne européen déploie ses branches noueuses avec autant de vigueur que s'il n'avait pas changé de patrie ; *Plantation-House et Briars* ! c'est le printemps sous la zône torride ; c'est la France en pleine Afrique.

Napoléon avait laissé percer le désir d'y séjourner; et, le croira-t-on ? cette température vivifiante que sollicitait l'organisation débilitée de l'Empereur, ce *fac-simile* d'Europe, pâle ressouvenir de la patrie perdue, lui fut péremptoirement refusé. On craignait qu'il n'y traînât trop longtemps les restes d'une existence froissée par le mouvement déclinatoire de la roue de la fortune, et il fut transféré à Long-wood, tombeau anticipé où le trépas attendait sa proie.

C'est à ce lieu funèbre que nous gravîmes, et nul site au monde n'est plus décoloré. Figurez-vous tout au haut du *Pic de Diane* (point culminant de l'Ile), des mornes grisâtres, assombris encore par des nuages presque permanents ; çà et là bruissent plaintivement les pins de la Norwége, se hérissent les ajoncs épineux de la Bretagne, et vers le nord-est, entre deux pitons chauves, une échappée de vue sur la mer, comme celle que donnerait le soupirail d'une prison ! Voilà le paysage de désolation qui serre le cœur aux alentours de la mesquine masure où fut renfermé, cinq ans, le dominateur du monde...

Oh ! Long-wood ! triste et désolé Long-wood ! nous concevons que, sous tes pauvres solives, la tête appuyée sur le manteau de Marengo, Napoléon ait pu, dans un amer dégoût des choses humaines, s'écrier comme l'empereur Septime-Sévère : *J'ai été tout et tout n'est rien.*

Si encore Long-wood n'était que lugubre ! mais il est profané ; et cette profanation voue au mépris de l'Europe le hideux geôlier qui ne respecta pas la double religion du malheur et des tombeaux. Eh ! quoi ! la chambre mortuaire où le plus grand homme du dix-neuvième siècle exhala son dernier souffle est aujourd'hui un ignoble moulin à blé, et les pas de grossiers valets retentissent dans l'appartement qui répercuta l'auguste et solennel adieu de Napoléon mourant !

Une violation si criante du droit des gens et des privilèges de la gloire nous révolta, et nous quittâmes cette demeure avec indignation. Le tombeau appelait nos hommages. On nous y conduisit, ou plutôt nous y volâmes. Rien n'en indiquait les abords ; nous longions la crête des montagnes... Tout à coup s'entrouvrit sous nos pieds un ravissant vallon tapissé de la plus tendre verdure. Dans cet heureux recoin de paix et de tranquillité, trois saules pleureurs balançaient mollement leurs branches échevelées sur une dalle de granit ceinte d'un grillage en fer... Ce fut une révélation de tristesse. Là s'était arrêté pour toujours celui qui avait parcouru en conquérant l'Europe, l'Asie et l'Afrique, le héros du Mont-Thabor, d'Aboukir et d'Austerlitz ! Et il était immobile sous trois pierres muettes !... Aussi muets que les insignes tumulaires qui recouvraient son cercueil, nous descendîmes vers lui saisis d'un respect profond !

L'émotion que nous éprouvâmes n'a point de paroles. Nous marchions mélancoliques et graves.

À l'approche du lieu de son repos, rien ne trahissait le héros belliqueux. Un paisible troupeau paissait les longues herbes qui dépassaient l'enceinte du mausolée ; une moisson de céréales attendait la faucille d'un obscur Africain... Sceau de la mort, combien tu rendais accessible celui que les potentats n'approchaient qu'en tremblant, qui d'un regard

Donnait une secousse au monde ;

et il était là aux pieds de nous qui naquîmes ses sujets ! Après avoir adressé avec recueillement un hommage religieux à ses mânes, nous bûmes quelques gouttes d'eau à la fontaine où il aimait à se désaltérer ; nous détachâmes du saule funéraire, sous lequel nous nous étions assis, quelques rameaux, le plus riche don que nous ait fait Sainte-Hélène, et nous partîmes attristés et pensifs, mais fiers de pouvoir dire un jour, comme jadis les Hébreux captifs à Babylone : et nous aussi nous avons vu le tombeau de Napoléon sous les saules de Sainte-Hélène ; *Ibi sedimus et flevimus...*

Dors, dans toute ta majesté, sur les hauts-lieux, ombre d'un héros dont s'enorgueillira toujours la France ; repose-toi, dans le calme de l'immortalité, des vicissitudes de ton orageuse existence.... même après ton trépas, tu domines encore tes persécuteurs. Planant à deux mille pieds au-dessus du *rouge* pavillon britannique, l'aigle dort au sein des nues dans une solitaire indépendance... immortel conquérant, ta tombe aussi élevée que ta renommée, est un glorieux phare qui appelle, de l'immensité des mers, les innombrables voyageurs empressés de rendre un hommage votif à la cendre.

Tous, ils font de ce pélerinage sacré une des phases mémorables de leur existence, une des nécessités désirables de leurs voyages lointains, et ils disent en affluant à ton sépulcre, avec autant d'enthousiasme que les Italiens qui visitent Naples : *Veder Napoleone, puo i morire.*

Voilà les impressions que nous avait laissées notre passage à Sainte-Hélène, en 1832, Et huit ans après, en 1840, les glorieuses dépouilles de Napoléon, redemandées par la France entière, allaient, après une merveilleuse translation, s'abriter sous le dôme imposant des Invalides, et y reposer doucement *au bord de la Seine, au milieu du peuple qu'il avait tant aimé.* Et huit ans après encore, en 1848, la Nation française, reprenant espoir en l'étoile fatidique de la famille Bonaparte, élevait sur le pavois le neveu du *grand homme,* et lui confiait ses hautes destinées!...

UNE COURSE AU CLOCHER AU CIMANDEF

Le gigantesque morne des Salazes qui élève par delà les nues sa triple cime à dix mille pieds dans les airs, le cyclopéen ballon du volcan, le colossal obélisque du Cimandef, l'île Maurice aperçue à 46 lieues de distance, plus un entassement de merveilles enserrées dans un horizon de trois cents lieues de pourtour, voilà ce qui mérite d'être vu et voilà ce qu'on voit de l'esplanade de la *Roche écrite*.

Désireux de jouir de ce sublime panorama, et affriandés par l'espoir de trouver de la glace sur les sommités de la plaine des Chicots, nous partîmes du *Brûlé* en nous rabattant sur Saint-Denis. Quel étrange itinéraire, s'écriera-t-on tout d'abord, monter, puis descendre pour remonter ! Etrange tant que vous voudrez, mais le voyage a été effectué ainsi. Dans le temps de république où nous vivons, les volontés sont libres ; nous avions parfaitement le droit de le choisir à notre guise, et non seulement nous en avions le droit, mais aussi, en vrais échappés du collège que nous étions, nous en avions le caprice. Après tout, puisque les écoliers prennent toujours le chemin le plus long, les professeurs peuvent bien, à tout le moins une fois l'an, se donner pareille licence.

Adonc, que le tracé de la route vous plaise ou non, nous étions partis allégrement, le bâton de maho à la main, et la bretelle de vacoa au dos, au nombre de dix-sept, dont sept touristes, un guide et neuf porteurs de bagages. Caravane africaine s'il en fût. Les turbans de nos malabars, les couvertures blanches de nos cafres, drapées en burnous, complétaient la couleur locale. Nous défilions à faire pâmer d'aise Abd-el-Kader s'il nous avait vu passer. La gaîté était ébouriffante, c'était un tohu-bohu de paroles entre-croisées à réveiller tous les échos du bras Maho, et des éclats de joie à faire bondir comme des béliers le piton du *Bois de Nèfles* et le morne du *Bras sec*. Bon ! (pensais-je à part moi), voilà qui va bien, mais cela ne durera que la longueur du charmant chemin Morinière, là, on marche en pente douce, à l'ombrage des forêts.

Ce sont petits sentiers tapissés de framboises ; mais plongeons dans les savanes ravinées et arides des *Patates à Durand*, et nous changerons de gamme, car rien n'est fantasque, irritable, agressif, et bourru comme le touriste, quand il se voit inféodé au servage de son guide, quand il se sent attaché à la glèbe de la région des ambavilles... Il devient rageur,.. est-il dans les bas ? il bougonne contre le soleil ; est-il dans la zône moyenne ? il déblatère contre les fougères, les aloës et les roches. Est-il dans les hauts ? il fulmine contre les lianes, l'humidité et le froid. Il lui faut ses jérémiades et ses lamentations à cet homme ; semblable aux vieux grognards de l'empire, il ne marcherait pas sans cela. Il ne peut patienter qu'en impatientant les autres, et comme il faut une victime expiatoire à sa mauvaise humeur, c'est le guide qui sert de bouc émissaire. Se fourvoie-t-on, glisse-t-on dans une pente escarpée, s'égratigne-t-on le bout du doigt, un hourra de malédictions bourdonne aux oreilles du malencontreux guide, qui, l'oreille basse et tout méditatif, se glisse de brousse en brousse pour se dérober aux menaces qui le poursuivent, comme on voit le papangue se dérober aux regards et aux agressions acharnées d'une nuée de martins qui le harcèlent.

Disons aussi, pour trouver des circonstances atténuantes à l'irritabilité permanente du touriste, qu'en aucune phase de la vie humaine, la patience n'est aussi exercée que pendant une excursion montagnarde. Tout vous est hostile, tout vous agace ou vous tracasse. Le moyen de rester stoïcien quand vous êtes enchevêtré dans un fouillis d'ananas-marrons, de glayeuls-sabres ou d'inextricables fougères... garroté par les lianes, vous pataugez frénétiquement. Apercevez-vous ce que vous croyez être le fil qui vous tirera du labyrinthe, vous saisissez avec avidité ce prétendu fil sauveur... Malédiction ! c'est une perfide ronce qui ensanglante votre main ; vous vous retournez en mugissant de rage et de douleur. Bon ! vous donnez de la tête contre une branche horizontale qui fait à votre chapeau un renfoncement à déprimer le crâne d'un hippopotame ; hurlant de fureur, pour dernière tentative, vous vous ruez désespérément sur quoi ? un chicot acéré qui vous transperce la joue en vous lançant insidieusement de l'épaisseur du fourré sa flèche de Parthe ; et allez donc conserver votre égalité d'âme, M. le *Justum et tenacem propositi virum !* les doucereux quakers y mourraient de male-rage ; bénin Socrate, j'aurais bien voulu vous y voir. Cela vous aurait fait regretter les bourrasques conjugales de Xantippe ; et vous père Job, parangon de patience offert à l'admiration des siècles, vous y auriez soupiré après votre fumier, attendu au moins qu'il était situé en pays plat, dans les plaines de la Chaldée. Il serait bon là, celui qui viendrait me débiter une tirade de Sénèque sur l'impassibilité du Sage. Comme je lui jetterais de bon cœur à la face la réplique du valet de la comédie du joueur :

> Lorsque Sénèque fit ce chapitre éloquent,
> Il n'avait pas franchi le Patate-à-Durand.

Voilà donc un aperçu des tribulations de la route. Disons maintenant que pour y ajouter, nos gens profitant des sinuosités du chemin pour se dérober à notre surveillance, s'étaient jetés à la débandade dans les halliers et avaient disparu. Allons toujours, disions-nous, ils sont devant à nous attendre ; ils ont de meilleures jambes que nous et marchent plus vite. Saupoudrés de poussière et rôtis par le soleil des savanes nous arpentions cahin-caha le terrain. Le rendez-vous avait été donné à la sucrerie Saül Deguigné, distante, disait-on, de vingt minutes au plus, et où nous n'arrivâmes qu'au bout de deux heures. C'était l'effet du mirage qui l'avait ainsi rapprochée ; car il y a toujours beaucoup de mirage dans les assertions des guides. Nous nous y traînâmes enfin, échauboulés, courbaturés, aucuns déjà légèrement contus ou écorchés, spécialement au tibia, la partie la plus endommagée presque toujours dans de pareils voyages. Nous comptions au moins sur la réfection d'un substantiel déjeûner pour retremper nos forces défaillantes. Nous arrivons donc tout pantelans ; nous hêlons d'une voix affaiblie nos gens ; point de réponse, absents sans congé, ni vu, ni connu, je t'embrouille. En effet, ceci compliquait beaucoup la question déjà perplexe. Nous restâmes stupéfiés et mystifiés dans un état indescriptible de prostration aussi physique que morale ; depuis une mortelle demi-heure nous étions tous :

> Assis sur le perron. Et, la tête baissée,
> Chacun se morfondait dans sa triste pensée.

Quand, un, puis trois, puis enfin les dix déserteurs apparurent à l'horizon. Je laisse à deviner la joie qui accueillit leur arrivée. Sans perdre de temps en reproches inutiles, nous nous mîmes à fonctionner des machoires comme autant de requins affamés. Nous engloutissions comme des gouffres et buvions comme des templiers. Quel appétit on a à la sucrerie Saül Deguigné ! Que le ciel préserve M. Boyer d'héberger souvent des hôtes tels que nous ; ce serait pour la localité une plaie pire que celle des sauterelles d'Egypte. Après le déjeûner, on leva le camp pour aller coucher au boucan du *bonhomme Remy*, et pour y monter l'ascension était rude ; aussi les plaintes recommencèrent comme de plus belle, heureusement que la montée y mettait une sourdine, et que l'essoufflement les faisait avorter dans le gosier des moroses voyageurs. Enfin, tout en rongeant son frein, on atteignit le *Boucan* du bonhomme Remy, et il était temps, car une brume épaisse coiffait les mornes et la pluie commençait à tomber. Ce boucan, comme les trois-quarts des ajoupas ses confrères, fut surpris par nous en grand négligé de toilette. Sa toiture criblée à jour à la façon des *passepurée*, ne nous rassurait guère contre l'averse qui nous menaçait, et les vents coulis y jouaient aux barres. Nous le prîmes cependant tel quel, nous y fîmes les réparations les plus urgentes et nous nous y tassâmes pour dormir. Mais nous avions compté sans les puces de défunt Rémy, plus vivaces que leur maître, puisqu'un an de diète n'avait pu les faire périr d'inanition. Aussi elles se dédommagèrent de leur carême décuplé et nous infligèrent la peine du talion en travaillant sur nous à aussi belles dents que nous avions travaillé sur nos vivres du déjeûner. Je n'oserai donc dire que le chant du tèque-tèque nous réveilla (car nous ne dormions quasi point) mais il nous donna le signal du départ, et résolus comme des Titans en train d'escalader le ciel, nous nous immergeâmes dans la brume épaisse qui voilait le grand bois et nous sombrâmes dans la forêt obscure. Bientôt nous prîmes à l'escalade la montée de *la langue-à-la-main*. Ce nom cruellement significatif laisse pressentir qu'il faut tirer la langue à la façon des pendus, et souffler d'ahan pour se jucher au sommet. Pourtant le courage ne nous fit pas défaut, car nous étions soutenus par l'espoir de trouver une source fraîche d'eau jaillissante à la *ravine des pêches*. Mais déception ! (Hélas ! tant de déceptions vous attendent dans le bois !) la sécheresse avait passé par là et tari l'urne de la naïade. Pas d'eau pour dix-sept personnes, de quoi remplir le creux de la main. Attrape à monter jusqu'à la *cuisine*, exclama le guide, qui ajouta en forme d'encouragement anodin, il n'y a plus que deux lieues à faire. Et les essoufflés, et les fourbus, et les dolents furent obligés de se résigner à l'injonction. Mais que d'imprécations latentes, et de colères concentrées donnaient en ce moment le voyage entrepris à tous les diables : puis le chemin devenait presque impraticable. Le dernier coup de vent avait transformé en autant de *fourches-caudines* les arbres qu'il avait jetés en travers sur le chemin. Un d'entre nous eut la rancune de compter combien de fois il passerait sous le joug. Quand il fut rendu à la cent quatorzième, il renonça à son calcul de guerre lasse, et désormais courba son épine dorsale sans se soucier de savoir quel supplément il aurait à joindre aux cent quatorze premières révérences forcées que lui avait imposées l'autocrate Cimandef, comme *hommage-lige* avant qu'on fût admis à l'honneur insigne de lui faire la cour.

Au milieu de nos traverses, la gaîté française se faisait encore jour. Une plaisanterie relevait les courages abattus, une chûte provoquait des éclats de gaité homériques. Il est vrai qu'en fait de chûtes, il y en avait de si grotesques, qu'elles auraient fait rire feu Héraclite de larmoyante mémoire. Enfin de ravin en piton, nous arrivâmes à la *cuisine*, halte que les voyageurs festoient toujours. Nous comptions sur l'eau au moins en cet endroit là. Hélas ! Tantales que nous étions, elle fuyait depuis bien longtemps devant nos lèvres brûlées. Mais l'implacable sécheresse ne nous en avait laissé qu'une velte environ, dans le creux d'un rocher. Encore était-elle verdâtre et croupie. C'est égal, dans le bois surtout, quand on n'est pas content, il faut être philosophe, et puis, ventre altéré n'a point d'odorat. L'eau fut absorbée et dégustée avec plus de sensualité que le vin lui-même. Verdâtre ou non, croupie ou non, elle nous sembla être du nectar. Elle nous transforma, nous rendit la vigueur et l'espérance. D'un pas accéléré nous quittâmes la cuisine après un léger repas, nous nous acheminâmes vers le terme du voyage. Il devait être la *caverne de terre*. A mesure que nous nous élevions, la forêt se rabougrissait, le froid devenait âpre, les calumets commençaient à balancer sur nos têtes leurs onduleux panaches. Tout révélait la proximité de la Plaine des Chicots. Les énormes tamarins des *hauts*, semblables aux cèdres du Liban qui se complaisent dans les régions hivernales, avaient seuls conservé la majesté des patriarches du végétal. Quand tout-à-coup, au débouquement d'un ravin à pic, la plaine se déroula à nos yeux surpris dans toute sa nudité hyperboréenne et avec la pâleur de son aspect polaire. Le paysage se métamorphosa comme si la baguette d'une fée l'avait touché. Plus d'arbres, plus de verdure. Une immense steppe a remplacé brusquement la riante végétation tropicale. De rachitiques bruyères y montrent clairsemées leurs rigides balais, de livides lichens aux houppes fongueuses boursoufflent le sol. Une mousse grise tapisse le sol dénudé de cette africaine Sibérie où l'œil fasciné croirait voir errer des rennes. On chemine mélancoliquement vers la Caverne des Pêches, le premier abri de cette solitude désolée ; on avance avec anxiété, car l'arrivée à la caverne est une question de vie ou de mort dans cette glaciale région dont le froid vous gerce les lèvres, où vos mains deviennent rugueuses, où l'onglée vous mord les doigts. Enfin, dans un rictus de lave fuligineuse, s'entrouvre, béante, une excavation profonde. Vous descendez à ce soupirail protégé contre la rigueur du climat par l'abri au fond duquel il est blotti, et votre premier soin est d'allumer du feu qui puisse réchauffer vos membres engourdis.

C'est ce que nous fîmes, et à mesure que la température s'adoucissait, les langues se déliaient et les exigences touristes renaissaient. L'insistance la plus opiniâtre (parce qu'on ne savait pas encore que ce qu'il y a de plus curieux au sommet de la Plaine des Chicots, c'est l'aspect du Cimandef et de l'admirable perspective qui l'encadre), l'insistance la plus obstinée, disons-nous, fut pour la gelée. Elle entrait, soutenait-on, dans le programme. Les plus modérés se contentaient de la gelée ; le juste milieu s'équilibrait tant bien que mal sur la glace, les exaltés voulaient de la neige. Sans la neige, pour eux, point de salut. S'ils ne trouvaient pas de neige, ils étaient volés. Ce n'était pas la peine d'être perchés à huit mille pieds au-dessus du niveau de la mer pour n'y pas rencontrer de neige ; et notez bien qu'il pleuvait à verse, et que pour se transporter à la *Caverne de terre*, plus close que le gîte de la *Caverne des pêches*, il fallut braver une averse qui faisait claquer les dents, et disparaître dans un nuage opaque qui faisait éprouver la sensation la plus extraordinaire. Ce linceuil de brume jeté sur la Plaine des Chicots offrait, près du rempart de la Rivière du Mât, l'image du chaos et de ce vide ténébreux dont parle l'antique cosmogonie des Grecs. C'était le néant dans toute son horreur. On se sentait submergé dans un milieu blafard et terne, on étouffait sous les ondes d'un océan de brume dont les vagues fantastiques tourbillonnaient dans l'espace. Un vertige fascinateur vous sollicitait vers cet abîme sans fond d'où ensuite vous reculiez épouvanté, sondant du pied la terre, pour nous assurer qu'elle était encore sous nos pas.

La fatigue mit fin aux exigences outrecuidantes, et chacun, emmitouflés de ses vêtements les plus chauds, s'endormit à l'atmosphère torride que donnait le calorique dégagé par un énorme bûcher.

Pendant la nuit la pluie avait cessé. Le guide, soupçonné déjà d'exagération et même d'imposture, avait plus d'intérêt que tout autre à ce qu'il y eut de la gelée le lendemain. Il s'était donc réveillé longtemps avant ses compagnons, et, à son réveil, il avait vu scintiller les étoiles, ce qui lui parut de bon augure. Avant le point du jour, il se hasarda à sortir de la caverne pour explorer le terrain adjacent. Quelle fut sa joie lorsque, dès les premiers pas, il sentit l'herbe craquer sous ses pieds! Il y posa la main, elle était hérissée de glaçons. Il triomphait. Sa véracité était sauve. Il se hâta d'annoncer l'heureuse nouvelle ; en cinq minutes, tout le monde fut sur pied. On grimpa les dernières pentes à tâtons, et, à six heures du matin, on se trouva au terme du voyage et en face du Cimandef. A la clarté du jour, un spectacle magique fit jaillir de toutes les poitrines un cri d'admiration. L'immensité de la plaine était tapissée d'un éblouissant manteau de gelée blanche, un épais verglas transformait les roches en blocs de cristal, de la glace d'un demi-pouce d'épaisseur attirait les regards, qui ne pouvaient s'en détacher, et les arbrisseaux, perlés de chatoyantes stalactites, reproduisaient aux yeux charmés cette végétation de diamans si célèbre dans les *Mille-et-une-Nuits*. On fit au guide amende honorable, et pour contempler à loisir le sublime panorama qu'empourprait de ses feux naissants le lever du soleil, on alluma sur le sommet de la plaine, autour de la *Roche-Ecrite*, un feu que durent voir les habitants de Salazie, qui se trouvaient à quatre mille deux cents pieds au-dessous de nous. Quand le soleil fut sur l'horizon, il nous laissa voir très-distinctement le *Morne-Brabant* et le *Piter-Boot* de l'Ile Maurice, bien que séparés de nous par une distance de quarante-six lieues. Un autre phénomène appela ensuite nos regards. C'était la *Roche à Duchemann* ou la *Femme drapée*, statue gigantesque de 150 pieds taillée des mains de la nature avec une pose et une *morbidesse* d'attitude qui feraient honneur au ciseau de Thorwaldsen. Tout le monde était sous le charme, et la curiosité gratifiée s'éleva jusqu'à l'enthousiasme lorsque la caravane se groupa autour de la *Roche-Ecrite*, au point culminant de la plaine, en face du majestueux *Cimandef*. L'observateur qui y trône embrasse, avec la rapidité de la pensée, en pivotant sur lui-même, un horizon de 300 lieues de circonférence. Oh ! quel spectacle grandiose surgit à ses yeux ! Comme traits saillants du tableau, vous trouverez d'abord l'Atlas de notre Ile, le patriarche des monts dominant les cîmes ambiantes, le vénérable *Piton-des-Neiges*, le front ceint de sa triple couronne de granit ; il est flanqué à gauche du volcan qui lance à neuf mille pieds sa rutilante aigrette de flammes ; à droite se dresse, pour lui faire cortège, l'imposant *Cimandef*, le géant des pyramides.

Ajoutons à cette esquisse à grands traits les détails du tableau :

A l'extrémité la plus interne de l'énorme escarpement qui forme la sommité gauche de l'encaissement de la rivière des galets, à 2,400 mètres d'élévation, se dresse, à pic, sur un insondable talus d'une terrifiante profondeur, l'observatoire le plus élevé que la nature ait créé pour l'homme.

Ce trône colossal, si haut suspendu, se nomme la *Roche-Ecrite*, à cause des noms qu'y ont sculptés d'intrépides voyageurs. Nous citerons, entr'autres, ceux de Bory de Saint-Vincent, de Lancastel, d'Edouard Manès, de Barbaroux. Je conçois qu'on tienne à laisser gravés sur les hauts lieux une trace durable de son passage, car, pour y atteindre, on y a fait acte de hardiesse et de lutte contre les périls ; et puis on aime à se dire : Ceux qui passeront après nous seront aises, dans ces vastes et muettes solitudes, de lire des noms écrits, par une main connue, amie peut-être. Leur cœur revolera, en imagination, vers les toits habités, et ils s'écrieront joyeusement, comme un ancien : je retrouve des pas d'homme.

La *Roche-Ecrite* est la clef de jonction entre la rivière des galets et la rivière du mât. Les deux fleuves juxtaposés y ont leur source commune. Ce Saint-Gothard de notre île voit avec orgueil, de son énorme massif, les deux plus grandes rivières de la Réunion épancher sur deux versants opposés leurs flots torrentueux. Ainsi, la *Roche-Ecrite* est la borne posée par la main de l'Eternel entre les deux climats si divers du vent et de dessous le vent.

C'est la ligne de démarcation entre l'humidité et la sécheresse, entre la végétation la plus active et la stérilité la plus revêche. Pour s'en convaincre, un coup d'œil suffit de la *Roche-Ecrite*, regardez les deux pentes dont elle partage la déclivité... A gauche, le cirque si riant de Salazie, ce fabuleux jardin anglais de plusieurs lieues carrées, si splendidement orné de sa chevelure de forêts, si coquettement miré dans ses trois lacs, si fraîchement arrosé par ses sautillantes cascatelles, si enjolivé par ses helvétiques châlets, si majestueusement décoré par la flèche élancée du svelte piton d'Anching. A droite, au contraire, les flancs décharnés du grand Bénard, squelette desséché dont les ossements restent à nu; en-deçà les arrêtes tranchantes et affilées du *Coteau maigre* et du *Bras des Merles* qui vont aboutir à la désolée Pointe des Galets qui attriste l'œil comme une échappée de vue de la Judée, et en face de la *Roche-Ecrite* pour faire contraste au verdoyant piton d'Anching, surgit l'austère Cimandef, hardi tétraèdre qui soulève à trois mille pieds sa lourde masse quadrangulaire. Autour de ce monolithe dénudé comme le site décoloré auquel il commande, tout est inerte et atone; une teinte de gris ardoisé prédomine partout. Ce paysage de plomb est plus morne que la frileuse végétation de la plaine des Chicots. Cette nature d'un gris squalide semble la teinture du temple de l'ennui. Mais aussi combien gagne à être vue dans ce milieu désolé l'Ilette d'Orère, séduisante oasis qui paraît s'être entourée à dessein de ces hideux repoussoirs avec autant de coquetterie qu'une jolie femme en met à choisir de laids chaperons pour cortège. Orère, favorisée par la richesse de son territoire, par la température andalouse de son climat et par le contraste de ses alentours, c'est une pierrerie qui brille d'un plus vif éclat au milieu des graviers qui la recèlent.

Avant de redescendre à Saint-Denis, nous avons voulu payer à la Caverne des Pêches la dette de l'hospitalité en y gravant ce distique composé par M. Doussot :

Hic tandem optato lœti consedimus antro
Ingratæ passi tædia longa viæ.

Ont signé : MM. Th. Drouhet, Vivien, Doussot, Renouard. E. Bédier, L. Héry.

Sans doute la vie s'écoulerait bien terne sur les âpres sommets que Dieu souleva dans les airs pour être l'admiration, mais non l'habitation des humains ; aussi l'homme se hâte de quitter le trône silencieux où son audace s'était assise. Il délaisse ces sourcilleuses montagnes si pleines de la poésie de la nature... Il redescend, mais il conserve à jamais le souvenir de la scène grandiose qui a exalté son âme.

LA SOURCE DE LA RIVIÈRE SAINT-DENIS

~~~~~~~~~~~~~~~~~~~~

Jamais smuggler écossais, dans les falaises de la Manche, n'a gravi de ravin plus âpre; jamais contrebandier espagnol n'a escaladé, dans les Pyrénées, de gave plus impraticable que la Rivière Saint-Denis lorsqu'on la remonte jusqu'à sa source! Pendant l'espace de trois lieues, c'est le plus difforme et le plus inextricable chaos. C'est une série de *fourches caudines* à dérouter, je ne dirai pas les bons gendarmes (ces messieurs ne fonctionnent qu'à cheval et ne se sont jamais piqués d'être ingambes piétons), mais à dépister même des zouaves de l'Atlas, même des douaniers basques ou catalans.

Au reste mon guide ne m'avait pas pris par surprise. Il s'était écrié dans sa brusque franchise : « Vous vous entêtez à aller visiter la « source de la rivière Saint-Denis! vous aurez bien du mal. Entre « toutes les rivières de l'Ile, c'est pour nous autres coureurs de bois, « une rivière maudite. A chaque pas qu'on y fait au-delà du *premier* « *serré*, on risque *sa mort*. » — Vous l'avez risquée souvent, répartis-je, et vous voilà devant moi plein de vie ; j'ai confiance que si avec vous j'y vais, avec vous j'en reviendrai ; ainsi partons ; et nous nous mîmes en route.

Quand, près du jardin Kerno, je plongeai dans la colline, rien ne semblait justifier les appréhensions timorées de mon guide. Je trouvais du charme à contempler les beaux cocotiers et les filaos élancés du défriché Maureau, et insensiblement j'arrivai à la case de chaume de Montfleuri Maillot, extrême limite des cultures. Au delà, il est vrai, la nature devenait sauvage et rude ; des galets mouvants fuyaient sous les pieds et faisaient regretter le sable où les pas trouvaient une assiette plus stable. Mais enfin ce n'était encore que de la gêne, et nous en étions quittes pour sauter de roche en roche comme des cabris éclopés; cela resta supportable jusqu'à la grande caverne (à deux lieues de Saint-Denis). Mais, un peu au-dessus, force me fut de croire que le guide n'avait pas broyé du noir à plaisir. Les deux remparts parallèles se resserraient sur nos têtes ; ce vaste encaissement s'étriquait en défilé étroit ; les talus devenaient des parois verticales qui dressaient leurs crêtes sourcilleuses jusqu'à la région des nuages ; et dans les saillies des escarpements, des palmistes de soixante pieds de flèche se balançaient insoucieusement, sûrs qu'ils semblaient être (vu l'impossibilité d'y atteindre) de rester *inaccessibles et insaisissables*. Ils narguaient les passants en secouant avec dédain, à six cents pieds au-dessus d'eux, leur tête chevelue... Enfin, quand nous entrâmes dans le *premier serré*, je restai convaincu que le guide avait consciencieusement expertisé les hasards et périls de notre aventureuse ascension. Là, le défilé s'étranglait tout-à-fait. Une fissure furtive scindait à pic deux murailles perpendiculaires surplombant les eaux tourmentées qui bouillonnaient violemment pour forcer le passage. Une demi-obscurité assombrissait le paysage ; et pour le rendre plus morne, une pluie subite s'échappa d'un amas de nuages agglomérés dans cette embrasure rétrécie, jeta une tristesse de plus sur des aspects déjà austères, et vint justifier les sinistres prédictions du guide. « Marchons, marchons vite, dit-il, en me « poussant le bras, marchons! une minute de retard est ici mortelle « quand il pleut. Les roches croulent de tous les éboulis du *serré* sans « qu'on puisse s'en garer ni à droite ni à gauche. » Je me laissai entraîner machinalement sans ajouter trop de foi à ses effrayantes menaces ; de temps en temps je ralentissais le pas pour contempler un moment les limpides bassins où des troupes de poissons de roche et de chites faisaient briller à travers l'ombre opaque leurs écailles argentées; je commis même l'énormité de m'arrêter sur une roche plus plate que les autres pour y allumer un cigarre. Tout-à-coup, un craquement se fit entendre à plusieurs centaines de pieds au-dessus de nos têtes, comme un tonnerre sourd... Je vis le guide pâlir et se rejeter en arrière avec épouvante; il me poussa vivement contre les basaltes du roc et s'y accola près de moi. Deux minutes d'un silence muet s'écoulèrent longuement... puis le guide s'écria avec volubilité : « La roche est restée « à moitié chemin, tant mieux! mais pour vous prouver qu'il ne faut « pas rester ici, apprenez que l'endroit où nous sommes porte, depuis « peu d'années seulement, le nom de *serré du soldat mort*. Un militaire, « comme nous, cheminait trop lentement sans doute, quand une roche « détachée d'en haut vint le frapper au-dessous de l'œil et l'étendit « roide mort. On le trouva sans vie; un lieutenant de police et un mé- « decin vinrent opérer la levée du corps ; et, tenez, la roche plate sur « laquelle vous étiez debout tout-à-l'heure a servi de table d'amphi-

« théâtre pour faire son autopsie, et voilà, à deux pas, dans cet enfon-
« cement, sous un monceau de pierres, la tombe de rocaille qui pèsera
« éternellement sur ses os. »

Ce fait horrible, qui heurtait mes oreilles aussi brutalement qu'un
coup de canon, me fit bondir comme si une secousse électrique m'avait
galvanisé. La scène funèbre, la roche plate ensanglantée, la tombe solitaire, les fragments disséminés des pierres fraîchement brisées, tout
me prouvait jusqu'à l'évidence que ce lieu néfaste n'était pas un
Thabor où l'on pût dire : « Il fait bon ici, plantons y nos tentes. » Je
saisis à mon tour le guide par le bras ; hâtons le pas, lui dis-je, aussi
vite que vous le voudrez, et je l'entraînai rapidement en avant... Hélas !
je fuyais un péril pour en retrouver un autre plus présent, plus palpable
encore. Il n'y avait pas encore trente minutes que j'avais laissé loin
déjà derrière nous le *serré du soldat mort,* quand le guide, me tendant
la main avec anxiété, me dit : « Attention à chacun de vos mouvements
« si vous tenez à l'existence ! Nous voici rendus à la *glissade du limon.*
« Si par un détour d'une lieue, je pouvais esquiver ce terrible endroit,
« je n'hésiterais pas, mais nul autre passage n'existe pour nous qui ne
« sommes ni oiseaux ni poissons. Il faut rebrousser chemin, ou si, en
« dépit de tout, vous tenez à poursuivre le voyage, regardez-moi faire,
« et quoiqu'il arrive, ne lâchez pas ma main. »

Un avertissement si solennel me donnait déjà beaucoup à penser,
mais la vue de l'homicide glissade m'impressionna plus vivement encore. Voici ce qu'était la *glissade du limon...* Une couche de *quarts* de
soixante pas de longueur, polie comme du marbre noir, formait la base
de la paroi occidentale de la rivière et dominait le niveau de l'eau de la
hauteur de quatre-vingts pieds. Ce talus qui se déroulait sans la moindre
aspérité jusqu'au bord du torrent, hérissé *lui* de blocs anguleux et
aigus, était lisse et uni comme la descente d'une montagne russe, et,
pour comble de malheur, il était enduit d'un limon aussi onctueux que
le savon dont sont frottés les mâts de cocagne... Quel support avait
donc le pied du téméraire qui en risquait le trajet ? Quel support ? une
crevasse d'un pouce au plus d'ouverture ; dans cette rainure semi-
ébauchée doit s'appuyer l'orteil nu (car il n'est pas question de souliers
dans les hauts de la rivière Saint-Denis) ; puis il faut traîner à la suite
dudit orteil, le plus délicatement du monde, son frère jumeau, qui, à
tour de rôle, doit équilibrer, lui aussi, la masse entière du corps ; et ce
tour d'acrobate doit s'effectuer, soixante pas durant pendant cinq
minutes séculaires, sur une épaisseur moindre que la corde où oscille
le funambule, sans que les ongles qui grincent sur le rocher y trouvent
une gerçure qui offre un point d'adhérence, et cela tandis que vos yeux
sont attirés fatalement sur les eaux tourbillonnantes qui vous grisent
la vue... Au dessus de la tête, deux mille pieds de muraille aussi à pic

que le cap Bérnard ; sous votre palpitante personne, quatre-vingts pieds d'une lave huilée qui aboutit à des rocs dentelés en scie... Oh ! je vivrais cent ans que je conserverais le souvenir de l'angoisse indéfinissable que j'ai subie en franchissant ce fallacieux couloir. J'ai affronté plus d'un péril dans mes incursions au centre de l'Ile, j'ai risqué *ma mort* (selon l'expression si juste de mon guide) plus d'une fois, quand j'ai gravi les anfractuosités du piton des Neiges, quand j'ai voulu descendre la *plonge* de la rivière du Mât ; mais, après tout, pour y suffire, il ne fallait que de la résolution et une tête sur laquelle le vertige n'exerçât pas sa puissance de fascination ; on trouvait toujours à saisir une touffe de bruyère, une rugosité de roc sec et solide ; mais ici, sentir son pied, à chaque pas, glisser chancelant sur une viscosité qui le sollicite vers l'abîme, sans pouvoir attacher, au sol qui semble se dérober à vous, un poignet qui n'étreindrait que le vide, sans pouvoir même s'accrocher à l'espoir de rester suspendu sur le gouffre si une perfide chute trahissait vos efforts... cela donne un frisson que j'ai éprouvé une fois unique et que, certes, je ne me hasarderai plus à ressentir.

Enfin le passage de *la glissade du limon* franchi, on s'engage dans un fouillis de roches superposées ; la gorge se resserre au point qu'il n'y a plus de sentiers latéraux ; il faut gravir péniblement des blocs gros comme des cathédrales, redescendre sur les roches limoneuses qui se submergent à fleur d'eau, se plonger quelquefois jusqu'aux épaules dans une onde que les mois d'hiver rendent glaciale ; grimper, glisser, greloter, pendant trois lieues et demie, avec des macadams du poids de plusieurs quintaux suspendus en permanence au-dessus de vous et ne tenant pas même à un crin de cheval ; c'est pis que l'anxiété du supplice de Damoclès, et pourtant voilà les stimulants du rude et périlleux voyage qui vous conduit, après sept heures de marche forcée, à la source de la rivière Saint-Denis ! Ce fougueux torrent, effrayant jusqu'au bout, jusqu'au bout étrange, enveloppe d'une mystérieuse horreur le lieu secret d'où s'épanche son urne. Ce sombre orifice se nomme, je n'ai pu savoir pourquoi, le *Tribunal*. C'est un souterrain redouté dont jamais pêcheur, quelque hardi qu'il soit, n'a osé scruter l'insondable profondeur. A quelques pas dans l'intérieur de la voûte d'où l'eau jaillit en bouillonnant, de noires et moites ténèbres éteignent l'enthousiasme et glacent la curiosité. Un énorme bassin, dont les eaux sombres clapotent avec un bruit lugubre, s'enfonce indéfiniment dans les entrailles de la terre, et ce qui augmente l'émotion involontaire dont on est saisi, c'est que la voix humaine, dans cette terrifiante cavité, acquiert un timbre renflé et caverneux qui la fait éclater avec fracas comme les grondements de la foudre.

Telle est la rivière Saint-Denis, et ceux qui sont avides de sensations sàisissantés pourront en essayer le parcours. Ils savent désormais quel lot les attend. Fatigue toujours, péril souvent et de plus d'une sorte, péril bien constaté par la tombe du soldat, péril certifié surabondamment par deux autres catastrophes dont je laisse la responsabilité à la véracité de mon guide.

Un de ses parents était allé tendre des lignes de pêche auprès du bassin de *la porte*. On l'attendit vainement au souper de la famille. Le lendemain, ses amis inquiets remontèrent la rivière, ils trouvèrent le malheureux étendu la face contre terre, une roche tombée d'en haut lui avait scié le crâne, broyé un bras, fracturé une cuisse ; cette roche était si grosse qu'il fallut deux hommes pour dégager, à l'aide d'un anspec, de dessous cette masse, le misérable mutilé qui ne donnait plus signe de vie. Il n'avait eu le temps que de tendre une seule ligne à laquelle une anguille se trouvait prise, comme s'il eût dû être utile à sa famille même après son départ de ce monde !

L'autre fait est encore plus touchant en raison des circonstances qui s'y rattachent. Il y a quatre-vingts ans environ, un jeune homme et sa fiancée allèrent, accompagnés de leurs deux familles, faire une partie de pêche à la rivière Saint-Denis. Le repas fut servi sur le bord d'un bassin appelé aujourd'hui le *bassin Canot*, peu éloigné de Saint-Denis, mais dangereux à cause des éboulis fréquents qui y tombent. La joie était dans tous les cœurs, s'épanouissait sur tous les visages, de gais propos animaient le festin champêtre, les deux fiancés, un peu à l'écart, devisaient du riant avenir qui allait éclore pour eux et qui leur promettait de si longs jours de bonheur. Tout à coup une roche se détache sans bruit du rempart, tombe traîtreusement, et écrase le jeune homme à deux pas de celle qui allait devenir la compagne de sa vie. Elle pousse un cri aigu en le voyant baigné dans son sang. A ce cri de sa bien-aimée, le jeune homme semble se ranimer de sa défaillance, Il essaie de balbutier à celle qu'il chérit un suprême adieu, il étend vers elle une main qui voudrait sceller par une dernière pression son dernier témoignage d'amour, mais qui retombe inerte ; il tourne enfin vers celle qu'il quitte avec désespoir ses pauvres yeux ternes et atones, et il exhale son dernier souffle !!!...

Des critiques diront peut-être à propos de ce narré : voilà encore de vos excentricités, vous forgez partout du merveilleux ! Hé ! mon Dieu, non, J'en trouve toujours de tout fait, et j'en use selon le privilège des voyageurs. Je remarque d'ailleurs que le merveilleux réel est aussi étrange parfois que le merveilleux fantastique. Mais, objectera-t-on, si les voyages au sommet de nos montagnes sont si périlleux, pourquoi vous obstiner à en faire ? Quel plaisir y trouvez-vous ? A cela je répondrai : J'y trouve une jouissance très vive, inexplicable, j'en tombe d'accord, réelle pourtant. Que ceux à qui il plairait de la nier me disent à leur tour pourquoi les montagnards suisses, pour chasser le chamois, affrontent les avalanches de leurs glaciers, ont la passion d'aller ravir les aiglons aux aires des sommités les plus inaccessibles ? Pourquoi ces hommes se vouent à des périls incessants, aux plus durs privations qu'ils n'échangeraient pas cependant pour la position la plus douce et la plus lucrative ? *Ils les aiment parce qu'ils les aiment*, et c'est l'histoire de bien des affections ici-bas, il n'y a pas d'autre réponse à faire. Ou si à toute force on veut une solution à ce problème, peut-être reconnaîtra-t-on que certains caractères se complaisent au triomphe de la difficulté vaincue et du danger surmonté ; peut-être l'instinct de l'énergie humaine fait-il que beaucoup de gens aiment mieux souffrir que de s'engourdir, aiment mieux lutter que de se blaser !

LA PLAINE DES CHICOTS

Oh! c'est une jouissance vive, un plaisir allégrement ressenti, que de se soustraire tout à coup aux mille entraves de la vie civilisée, que d'échanger les soucis du joug social pour l'indépendance plénière de la vie nomade au sein des forêts.

Au reste, ce retour attrayant vers l'existence de l'homme primitif n'a rien de romanesque, et la vie aventureuse de *Bas-de-cuir* si bien décrite par Cooper est tellement loin d'être fantastique qu'elle est pratiquée avec délices par deux mille de nos créoles qui la préfèrent au comfort de l'aisance agricole, et plutôt par goût que par nécessité, témoin notre *Œil-de-Faucon* bourbonnais, notre renommé Villiers Adam dont nos montagnes sont aussi fières que les Alpes le sont du célèbre Balmat Montblanc immortalisé par Alexandre Dumas.

Heureux d'essayer, aussi, de cette vie sauvage, j'ai entrepris d'explorer la plaine des Chicots, accompagné d'un excellent guide, Paul Dalleau, que je signale à ceux qui auraient, comme moi, la curiosité de faire une ascension dans les régions alpines de nos forêts.

2 septembre. — Nous sommes partis du Brûlé, en vrais coureurs de bois, tels que devaient être équipés les Français Canadiens qui parcoururent les premiers les immenses solitudes du Labrador. Le bâton ferré à la main, la bretelle (havresac) sur le dos, nous portions, comme Bias, tout avec nous, car de telles parties, pour laisser un durable souvenir, et pour impressionner vivement, doivent être faites dans leurs natives allures, et non édulcorées par les mignardises et les raffinements du luxe.

Nous avons d'abord gravi péniblement, pendant quatre longues heures, le lit desséché du Bras-Sec, torrent qui se jette dans la rivière

Saint-Denis, et ce soir nous sommes à 800 toises au-dessus du niveau de la mer ; nous faisons halte pour camper bien en dehors déjà de la zone tropicale. Le site est écossais plutôt qu'africain. De rares bouquets de calumets tout à fait semblables aux roseaux du Nord se balancent mélancoliquement autour de nous, des touffes de bruyères hérissent les sommités environnantes, des mousses blanches, longues et échevelées, et de livides lichens enveloppent de leur pâle toison tous les arbres qui, emmitouflés sous cette fourrure laponne, semblent grelotter autant que nous dont les dents claquent et dont la respiration fume comme le hooka d'un Indien. Pour nous réchauffer, nous construisons, à grand renfort de coups de hache, notre ajoupa sur le bord d'un ravin dont l'eau est gélive, et bientôt tapis comme des marmottes, dans le creux d'un rocher que nous avons recouvert de feuilles de palmiste, nous nous ranimons au brasier du boucan en regardant bouillotter, en équilibre sur *ses tocs*, la marmite, unique batterie de cuisine du chasseur des hauts. Nous sommes glorieux de nous savoir plus élevés dans les airs que l'hospice du grand Saint-Bernard, la plus haute habitation, cependant, de l'Europe entière. Un épais nuage enroule autour de notre gîte ses denses vapeurs, et les flots de cet océan aérien ondoient autour de nous en floconneuses draperies.

3 *septembre*. — Nous avons dormi neuf heures de suite, sur nos lits de mousse, malgré un froid mordant qui nous donne l'onglée. Mais aussi nous étions brisés de fatigue, et d'ailleurs, la nuit est si calme à la hauteur où nous sommes ! tout se tait si profondément ! les dernières rumeurs de la nature animée ont expiré sous nos pieds, ici trône seule l'immobilité du désert.

Aux premiers rayons du matin, nous nous remettons en route, car de la région des calumets au sommet de la Plaine il y a dix heures de marche, et par des chemins que l'ouragan de 1845 a rendus inextricables. Il faut, le sabre à la main, s'ouvrir un passage dans un fouillis de calumets d'où on ne sort que pour s'engloutir dans des fougères colossales sous lesquelles on rampe péniblement, en maugréant contre le guide qui vous dit toujours : Encore une montée, la Plaine n'est pas loin. Et la plaine fuit comme l'île d'Ithaque devant le harassé voyageur qui entasse montagne sur montagne et déception sur découragement Car tout n'est pas rose dans cette âpre pérégrination, et au surplus tant mieux ! la peine et le péril stimulent l'intérêt du voyage ; et s'il fallait, par des chemins macadamisés, traîner aux Salazes les commodités de la ville, à quoi bon quitter son chez soi ? Tout n'est donc pas rose dans le chemin de la Plaine, répétons-nous, et des incidents imprévus évoquent parfois une pensée grave. Par exemple, ce matin, nous marchions, depuis cinq heures, maudissant nos interminables fougères, quand, dans une cavité peu profonde, simulacre informe de caverne, nous avons rencontré brusquement... Quoi?... un *squelette*, vraiment ! dépouille aride d'un homme mort depuis bien longtemps, car ses ossements étaient revêtus d'une mousse verdâtre. Un vieux panier gisait près de lui avec des tessons de bouteilles. Il semblait nous dire : Vous voyez, téméraires, qu'on peut, quand on s'égare si loin de tout toit habité, mourir de froid et de faim. Notez bien que le guide venait de nous annoncer tout pantois, qu'il avait perdu les traces de l'ancien chemin et que le coup de vent avait tellement brouillé les choses qu'il n'y reconnaissait plus rien.... Hé bien ! dans cette conjoncture critique, la vue du squelette loin de nous abattre a ravivé notre énergie. Nous ne voulons pas, nous, laisser nos os ici, avons-nous crié résolument. En avant, longeons la crête, et tirons-nous de ces désespérantes fougères. En effet, après une heure de lutte acharnée, soudainement, sans nul indice avant-coureur, au sortir de la gorge d'un ravin où nous venions d'admirer des arbres énormes nommés *tamarins des hauts*, et que quatre hommes embrasseraient à peine, nous nous sommes trouvés de plein saut à l'accore de la Plaine des Chicots. La baguette d'une fée n'aurait pas transformé le site d'une manière plus rapide...

Dans la plaine, plus d'arbres, plus de grands végétaux. A peine, aux abords, quelques bouquets clairsemés de bruyères arborescentes, de maigres ambavilles et de calumets nains. Mais, à chaque ondulation de terrain, un gracieux petit vallon dont le fond est velouté du plus verdoyant mouron et dont les déclivités sont revêtues d'un tapis de fraisiers empourprés de leurs fruits mûrs, chose qui m'a étonné à une hauteur de onze cents toises et par une température si froide qu'elle rend la peau rugueuse et gerce les lèvres.

Cette entrée de la Plaine des Chicots est d'une verdure si tendre, elle est si onduleusement accidentée en suaves contours, qu'elle repose doucement les yeux et fait oublier les fatigues endurées pour y arriver. Mais à mesure qu'on s'avance plus avant dans l'intérieur, le paysage devient tout autre et il prend une austérité saisissante. Vous marchez pensivement, promenant de mornes regards sur une steppe rase qui se déroule à plusieurs lieues devant vous. Quelques brandes rachitiques, quelques ambavilles rabougries annoncent les derniers efforts d'une végétation engourdie et expirante. Plus loin encore, de vastes savanes d'une herbe sèche plaquée par intervalles de plantes d'un blanc brillant, aux feuilles rigides et métalliques comme l'arbre d'argent du Cap, attristent la vue et serrent le cœur. La bruyère-arbuste de l'Afrique a fait place à l'humble bruyère brune des landes de la Bretagne ; celle-ci à peine haute de trois pouces, se détache sur des houpes de lichens grisâtres, fongueux comme des éponges et autour desquels s'implante une mousse blanche, entre-mêlée d'une autre mousse plus sèche d'un noir de jais et à petites fleurs cramoisies. Le sol ainsi ouaté de ces plantes cotonneuses et symétriquement espacées, à cause de la pauvreté du terroir, simule les palmettes d'un immense cachemire.

Au reste, rien de plus désolé que l'aspect à distance de cette zone polaire. Au sommet de la plaine, absence totale de verdure. La gelée a détruit le gazon, le froid a chanci toutes les plantes sur les chauves pitons dont nul feuillage ne voile la nudité. On se croirait au Spitzberg, et les *Toundras* de la Sibérie ne doivent pas offrir des sites plus décolorés. Quelques flaques d'eau dormante, disséminées dans la plaine aride, ajoutent encore par leur morte stagnation à la tristesse du paysage.

Mais ce qui recommande la Plaine des Chicots à la curiosité tout autant que son insolite et arctique végétation, c'est la vue ravissante qui s'y déroule aux yeux émerveillés. Jamais spectacle plus grandiose n'a proclamé la majesté du Tout-Puissant!..... Que vous êtes admirable au sein des masses imposantes que vous avez soulevées dans les airs, ô, grand Dieu, *mirabilis in altis dominus.* Tel est le cri que fait jaillir du cœur un religieux enthousiasme. Et en effet, on plane sur une contrée tout entière, l'œil embrasse un rayon visuel de quarante-cinq lieues, par conséquent un cercle d'horizon de plus de deux cents. On aperçoit simultanément le Bari de Saint-Joseph, les pitons de Sainte-Rose, St-André, Ste-Suzanne et St-Paul. D'un côté, les sourcilleux remparts de la rivière du Mât ; de l'autre, les insondables abîmes de la rivière des Galets, au fond de laquelle se dessine le pittoresque établissement d'Orère ; sur le versant de l'est, à une immense profondeur, miroitent au soleil, encadrés dans la verdure, les riants châlets de Salazie, et pour couronner le fond du tableau, se dressent orgueilleusement vers le ciel les trois gigantesques Salazes flanquées, comme de deux formidables bastions, du piton des Neiges et du Benard.

LE PAYS BRULÉ

~~~~~~~~~~

Le Pays-Brûlé ! ce sinistre nom caractérise avec une effrayante vérité d'expression la région maudite qui voue à la plus désastreuse conflagration une superficie de plusieurs lieues carrées. Ce volcanique enclavement, parqué par les formidables remparts du Bois-Blanc et du Tremblet, et flanqué de son infranchissable talus de rochers basaltiques, forme le contraste le plus heurté avec la luxuriante végétation de la partie du Vent si fraîche et si verdoyante. Vous avez laissé derrière vous les onduleux lointains, les riches cultures, les eaux jaillissantes et limpides ; la terrible rivière de l'Est vous révèle soudainement une tout autre nature. Son excavation abrupte, qui s'entrouvre béante sous vos pieds, est, par son paysage austère et ses profondes fissures, comme le poste avancé des parages désolés que vous allez parcourir. Sainte-Rose est l'extrême limite qui vous transporte des merveilles de la civilisation et des fécondités de l'agriculture, au dénûment du désert et aux disparates du plus informe chaos.

Inclinez-vous sur l'escarpement du rempart du Bois-Blanc, abaissez un regard scrutateur sur le gouffre mystérieux qui appelle votre curiosité, et votre œil consterné contemplera avec une navrante tristesse l'entassement d'horreurs amoncelées dans la vallée de destruction où vous allez hasarder vos pas. Une muette stupeur vous absorbe quand cet amphithéâtre lugubre de ruines saccadées se déroule enveloppé d'un livide horizon, balafré de noires coulées, véritables tentures de deuil. Ces funèbres draperies, qui assombrissent les flancs du volcan, vont toutes se rattacher au sommet du chauve cratère qui trônant, comme le satan de Milton, au-dessus de ses domaines calcinés, élève gigantesquement son cône grisâtre et décoloré à la cime duquel rampent pesamment de lourdes nuées qu'aucune verdure ne captive. Voilà l'aspect du Pays-Brûlé vu à distance et pris dans son ensemble.

Si maintenant le voyageur s'y enfonce pour en explorer les hideux détails, à chaque instant le site varie, toujours horrible, mais multiforme et aux contrastes imprévus. La première coulée qui se présente est celle de 1832. Elle longe la base du rempart du Bois-Blanc. On la vit sourdre inopinément pendant la nuit. Elle s'avançait menaçante au sein des ténèbres, faisant une large trouée dans la forêt dont les arbres séculaires disparaissaient dévorés en un clin d'œil par le terrible incendie. Quelques troncs, tombés sur des croûtes à demi refroidies, gisent encore charbonnés sur la lave qui les moissonna. Cette coulée subit déjà un commencement de transformation ; une teinte cendrée a remplacé le brun cuivré, d'imperceptibles lichens s'implantent dans les pores de la lave, et de chétives fougères aux feuilles rachitiques cherchent à s'abriter dans les crevasses.

Trente ans révolus ont amené dans la coulée de 1812 une décomposition bien plus marquée. Comme un énorme charbon enseveli dans sa cendre, elle a dissimulé sa nudité sous les innombrables flocons d'une mousse blanche qui lui donne l'aspect d'une chûte de neige dans des terres labourées, alors que la couche n'est pas encore assez épaisse pour voiler les teintes brunes du sol. Ce paysage du Groënland, moussu et blanchâtre, qui se détache avec une pâleur morbide entre les deux récentes coulées de 1832 et 1839, contraste étrangement avec leur sombre couleur éthiopienne et jette une tristesse de plus sur ce sol bitumineux. C'est la froide torpeur des zones glaciales transplantées dans les solitudes ignées de nos régions torrides.

Cette coulée de 1812 est le résultat de l'éruption la plus terrible dont Bourbon ait conservé le souvenir. Le volcan *éructait*, dégorgeait à gros bouillons ce déluge incandescent qui submergea un grand tiers du Pays-Brûlé. Ses lumineuses clartés resplendissaient à huit lieues ! L'air était saturé, dans toute l'île, de légères vitrifications dispersées au gré des vents. Elles se déposaient sur les feuilles des plantes qui, perlées par cette rosée insolite, étincelaient aux rayons du soleil comme une végétation de cristal. Aussi la coulée de 1812, la reine du Pays-Brûlé, a un grandiose auquel les autres ne peuvent atteindre. Elle a constaté sa suprématie dominatrice par un empiètement hardi sur la mer. Elle a projeté, bien au-delà de la ligne du littoral, un promontoire avancé.

Rien de plus tourmenté, de plus fruste, de plus âprement déchiqueté que le clapotis de pierre formé par cette avalanche énorme de bitume.

Figurez-vous les rugosités, les gerçures profondes, les déchirements aigus de la mer de glace en Suisse ; hé bien, la réalité au Brûlé, outrepasse encore ce que l'imagination aurait rêvé ailleurs. On est là en face du chaos le plus convulsé... Qu'on se peigne le tremblement de terre de la Guadeloupe pendant les épouvantables oscillations de sa durée, qu'on se rappelle les bondissements de l'Océan et le ressac de ses houles bouleversées pendant nos plus furieux ouragans, et on aura à peine un aperçu de la coulée de 1812. C'est un tremblement de terre figé à demeure, une tempête solidifiée et moulée en bronze. Oh ! qu'en présence d'un si imposant spectacle on déplore l'imperfection du langage, et que les mots sont pauvres pour rendre les idées qui bouillonnent dans le cerveau pour se faire jour !... Afin que rien ne manque à l'inattendu de ce majestueux tableau, les fissures du glacier de lave sont veloutées d'une suave et délicate petite fleur bleue que l'œil salue avec amour. Sa charmante corolle aux teintes azurées apparaît, dans ce désert ferrugineux, aussi douce aux yeux, que l'est au cœur de l'homme un sourire d'espérance céleste au milieu des angoisses de la vie.

Un seul pas vous sépare de la coulée de 1839, mais ce pas est une métamorphose complète, un climat tout entier. Vous aviez une vue de glaciers, des perspectives neigeuses, une fleur d'azur qui reflétait un ressouvenir du ciel... un seul pas, et vous sautez de la Laponie au désert du Sahara. Dans la coulée de 1839 où vous entrez, rien de vivant, rien, absolument rien ! Pas un insecte, pas une plante, pas une mousse, pas même les bizarres ressauts d'un terrain accidenté qui donnaient à la coulée de 1812 le faux-semblant d'une nature animée ; l'œil attristé erre à perte de vue sur une plaine d'asphalte d'un noir violâtre, d'une rigidité métallique, nue, terne, morne, silencieuse, où tout est inerte, où le souffle du vent ne bruit même pas. Vous marchez anxieusement dans cette solitude, le cœur oppressé d'un lourd découragement et d'un nostalgique ennui. Vous suivez péniblement, comme les sauvages du Canada, les rares pistes laissées par les voyageurs de la veille, quelques brins de paille, quelques débris de provisions, quelques lambeaux d'étoffe, seuls vestiges du passage de l'homme à travers le plus inhospitalier des déserts où les pas ne laissent nulle empreinte, où le sabot du cheval et la chaussure du piéton grincent sur la lave râpeuse sans entamer la surface... Vous marchez, vous marchez toujours, car, sous peine de mourir, il faut avancer. Le Brûlé n'a pas une goutte d'eau, pas un fruit, pas une racine à donner au voyageur que la faim ou que la soif tourmenterait. Il faut aller en avant. Une inflexible nécessité vous talonne d'un côté, la mer et ses insondables abîmes, de l'autre, le volcan et ses gouffres de feu ; derrière vous la stérilité et la famine, devant vous seulement l'espoir de l'arrivée, mirage lointain, car trois mortelles lieues vous séparent de tout hameau habité. Où vous êtes, point d'ombre, point d'abri, pas même un lit d'herbes sèches pour vos membres fatigués. Ainsi donc marchez, bien que transis par la pluie, brûlés par la soif, exténués par la faim ; avancez, traînez vos pieds endoloris, mais sortez, à tout prix, de ce désert de fer et de feu qui n'a à offrir à l'homme que des scènes de terreur et des émotions d'épouvante.

VOYAGE DANS L'INTÉRIEUR DE L'ILE

LA TÊTE DU GRAND-BÉ-NOUNE

S'il est dans notre Ile, si éminemment pittoresque, une perspective grandiose, solennelle et du plus saisissant effet, c'est sans contredit celle qui se déroule à la tête du *Grand-Bé-Noune*. Qu'ils sont mesquins nos monuments d'Europe, nos chétifs menhirs façonnés cependant par des milliers de bras, en face, par exemple, des *Trois-Roches*, sourcilleuses aiguilles de 400 pieds de hauteur qui, taillées dans un seul bloc, par la main du Tout-Puissant, se dressent avec une hardiesse à faire honte à l'obélisque du Luxor! Que les pyramides d'Egypte elles-mêmes, le *nec plus ultra* du génie architectonique qui, depuis quatre mille ans, fatiguent l'admiration des générations humaines, que les pyramides sont de dimension lilliputienne, comparées à notre *Cimandef*, pyramide monstre, gigantesque monolithe quadrangulaire, hardi tétraèdre aux arêtes vives et régulières dont la saillie se profile si audacieusement sur un horizon digne par ses beautés de servir de cadre à son géant de pierre... un monolithe d'une symétrie irréprochable qui s'élève à la hauteur de *trois mille pieds*... Quel défi jeté par Dieu à l'impuissance humaine!

Hé bien! les *Trois-Roches*, le *Cimandef*, le *Volcan* et les *Salazes*, vous voyez tout cela à la fois de la tête du *Grand-Bé-Noune*.

Aussi, pour en rehausser le charme, pour qu'un trop facile accès n'en fît pas une banalité aux imaginations blasées, cette merveille d'optique du Bé-Noune a été située de manière à être achetée par des fatigues, à être désirée comme une terre promise qu'il faut aller chercher à travers une région glaciale et désolée, la *Plaine des Chicots* (puisqu'il faut l'appeler par son nom) où tout est rigide et rachitique, où une frileuse et chlorotique végétation réunit le plus bizarre ensemble, les bruyères de la Bretagne, les lichens de l'Islande, les plantes saxatiles des Alpes et les mousses floconneuses du Spitzberg. C'est au bout de cette région hyperborée où nous grelottons en mars, où l'âpreté du froid fend nos lèvres, condense notre haleine en épaisse vapeur, où le feu du *boucan* flambe au cœur de l'été, en plein midi, pour qu'on s'y réchauffe avec délices ; c'est au bout de cette solitude inhospitalière, qui n'a pas à offrir au voyageur qui la traverse une racine pour sa faim, un filet d'eau pour sa soif, pas même assez de terre pour recouvrir son corps, s'il venait à y périr ; c'est, dis-je, au coin le plus reculé de la *Plaine des Chicots* qu'il faut aller, je ne dirai pas *déterrer* (l'expression serait impropre appliquée à un plateau tout en roc vif), mais découvrir cette merveille des panoramas, le Bé-Noune !!!

Aussi, quel dédommagement de la fatigue surmontée ! Comme on oublie peines endurées, contrariétés de la route, soif ardente et faim canine, quand, ayant pour guide le sagace Montfleury-Maillot et son frère René (qui pour relever une piste, ou frayer un sentier en remonteraient aux Algonquins et aux Siminoles), on arrive au bord de l'abîme immense appelé *la plonge de la rivière du Mât*, où, muets de surprise, dans un saisissement d'admiration, on s'arrête oppressés de joie ; car, vécut-on cent ans, on ne reverra jamais plus imposant spectacle.

De la roche où vous stationnez, vous surplombez le cirque si riant de Salazie que vous dominez d'une hauteur de sept cents toises, assis que vous êtes sur l'extrême rebord d'un escarpement de quatre mille deux cents pieds.

L'île se développe sous vos pieds comme un large tapis.

Dans votre horizon de *deux cent quarante* lieues de circuit, les points de vue les plus magiques se pressent et se groupent entassés pour le plaisir des yeux. Les contrastes les plus heurtés se fondent dans l'ensemble comme les dissonances dans une symphonie, mais les détails sont tranchés. Ainsi se trouve accolée à la plaine si décharnée des Chicots la riante nature de Salazie avec ses fraîches cultures, sa mare à *Martin*, jatte d'eau cristalline, miroir transparent où se reflète l'ondoyante chevelure des gracieux palmistes ; de Salazie avec ses défrichés si pittoresquement disséminés, si suavement veloutés de leur vert-tendre au milieu des massifs sombres de la forêt primitive ; de Salazie enfin avec ses colonnes de fumée bleuâtre qui, des profondeurs de l'enclavement, montent de chaque châlet avec les lointaines rumeurs de cent cascades, étincelants réseaux d'argent qui scintillent au soleil du matin.

Autre contraste : à l'ouest, les pics les plus aigus, les crêtes les plus dentelées ; à l'est, la plaine du *Bras-de-Caverne* rase comme un ponton, plateau nivelé comme une aire, immense savane suspendue entre terre et ciel ; au-delà, se voient les mamelons de la rivière des

Marsouins; plus loin, les crêtes de la formidable rivière de l'*Est;* puis, aux limites de la vue, le ballon gigantesque du volcan dont le cratère vomit une fumée cyclopéenne et fuligineuse qui ne sourit pas aux regards de l'explorateur comme celle des hameaux de Salazie qui semble lui dire amicalement : au-dessous de toi sont des hommes, tes frères !

Si l'on oblique le corps à droite, sans qu'il soit besoin de faire un seul pas, la scène change. Le *Grand-Bénard* de Saint-Paul dresse verticalement, à la hauteur de deux mille deux cents mètres, ses flancs abruptes et dénudés. Plus rapprochés, le *Cimandef* attire impérieusement l'attention par la parfaite symétrie de sa pyramidale structure.

Si l'on oblique le corps à gauche, sans que l'on soit encore obligé de se déplacer, on voit se déployer, comme une nappe inclinée, l'amphithéâtre en hémicycle qui embrasse les riches cultures du *Bras-Panon*, de St-André, de Ste-Suzanne, de Ste-Marie et de la rivière des *Pluies*, opulente lisière tropicale au bas de laquelle le voyageur a laissé ses affections et ses possessions, tout ce qui lui rend la vie douce et où sympathiquement il plonge avec avidité un regard rétrospectif. Du haut donc de l'observatoire où s'est audacieusement assis l'explorateur, spectacle ravissant de quelque côté qu'il se tourne : à ses pieds, les plaines diaprées des aigrettes lilas de la canne à sucre, les côteaux ornés des pousses roses du giroflier et de la neige odorante des caféries en fleur ; dans la zone intermédiaire, la sombre verdure des forêts du vieux Bourbon de Mascarénas ; sur sa tête, la majesté austère du *Gros-Morne*, vénérable patriarche à la charpente osseuse, qui, insoucieusement drapé de son manteau grisâtre de lichens et de nuées, trône en roi par-dessus toutes les cimes ambiantes et, fièrement, porte vers les cieux sa tête ceinte, pour diadème, des *Trois-Salazes* en guise de couronne de granit.

Voilà esquissé à grands traits l'ensemble du panorama du *Bé-Noune*, mais l'intérêt qui s'attache aux détails n'est pas moindre. Tout excite la curiosité dans les *highlands* de notre Ile, et, en première ligne, ce qui sollicite, avant tout, les regards par l'étrangeté de l'aspect, c'est le Bé-Noune lui-même. Figurez-vous, si vous le pouvez, sans l'avoir vu, s'élevant en talus inaccessible, à plus de trois mille pieds dans le vague des airs, une mince cloison de lave, véritable lame de rasoir qui scinde abruptement les deux versants de la rivière des Pluies et de la rivière du Mât, si brusquement que les grondements sourds des deux rivières viennent se confondre dans vos oreilles, comme les anfractuosités des deux encaissements absorbent simultanément votre regard. Hé bien ! le *Bé-Noune*, cette délimitation si déclive, c'est l'unique pont que l'Eternel ait posé pour jonction entre la plaine des *Chicots* et celle des *Fougères* ; et qu'il est terrible à franchir ce pont suspendu si haut sans parapet! La nature elle-même semble vous en défendre l'approche. Aux abords du *Bé-Noune*, la plaine rugueuse, aux laves grinçant sous la chaussure, se crevasse, comme la mer de glace en Suisse, de larges fissures qui s'étendent à perte de vue dans une direction parallèle, et qui pourraient estropier et même engloutir l'imprudent qui s'y aventurerait, sans guide, au milieu d'une brume épaisse.

Si, dédaignant ces signaux d'épouvante, le téméraire voyageur affronte le passage du *Bé-Noune*, il faut qu'il ait le pied bien sûr et la tête à l'épreuve du vertige, car il a une *demi-lieue* à faire sur une crête large à peine d'*un pied et demi*, prolongée entre deux précipices au fond desquels, à une énorme profondeur, tourbillonnent d'épais nuages au-dessus desquels tournoie le carnassier papangue en poussant des cris stridents... Un seul faux pas !... et le malheureux qui s'abattrait sombrerait dans le gouffre béant qui semble attendre sa proie. Et qu'on ne crie pas à l'exagération poétique, qu'on ne cite pas le fameux adage : *a beau mentir qui vient de loin ou de haut.* Le témoignage lugubre, l'exemple parlant est là sous vos pieds et sous vos yeux. Vos regards cherchent (car le guide a grand soin de vous en indiquer la place), vos regards cherchent le *trou de la jarre*, source mystérieuse de la rivière des Pluies et monument de terreur, puisque là, au fond d'un antre aussi noir que l'Érèbe, gît la tombe solitaire de Julien Clain. Si les yeux s'en détachent souvent, c'est pour y revenir sans cesse. Comme vous, il cheminait gaîment, il passait où vous passez, il revenait chargé d'une pêche copieuse, le pied lui glissa... il poussa un cri de désespoir, un de ces cris de mourant qui navrent l'âme et donnent le frisson... Puis ses compagnons ne virent plus rien, mais ils entendirent, à travers la brume compacte, le rebondissement mat d'un corps inerte entraînant à sa suite une avalanche de rochers qui roulèrent longtemps dans l'espace... On descendit à la recherche de l'infortuné... après une demi-journée de fatigues inouïes, on trouva une masse informe de chairs mâchurées et d'os concassés qui avaient été Julien Clain. Il fut impossible de transporter à Saint-Denis de si déplorables restes, tout chemin praticable manquait ; il fallut rendre à la terre le pauvre Clain sur la place même du sinistre évènement, comme si la Providence eût voulu faire de cette tombe isolée une menace pour tout imprudent voyageur !

Au reste, trois causes de mort sont à redouter dans les vastes solitudes de l'intérieur de notre île : les escarpements, les brumes et le froid. Quant à ce dernier péril, une preuve à ajouter à tant d'autres. Le fait m'a été raconté par mon guide Montfleury Maillot.

Il y a une dizaine d'années, il était allé faire une partie de chasse aux cabris sur les Salazes. De froid matin il était en quête de son gibier, quand dans une anfractuosité nommée la *Brèche*, il avisa, à petite distance de lui, un homme qui, adossé contre un rocher, le regardait insouciamment passer... Dans ces solitudes d'*outre-nues*, comme dans les solitudes de l'Océan, l'homme aime la rencontre de son semblable ; on s'aborde fraternellement sans défiance, sans arrière-pensée, car on n'a nul intérêt à se tromper mutuellement, on en a, au contraire, un grand à s'entr'aider les uns les autres. Adonc Montfleury, charmé de trouver à qui parler, demanda de loin au flegmatique chasseur s'il avait vu du cabri dans la matinée ? — point de réponse. Il réitéra sa demande en élevant la voix — silence prolongé. Il cria à tue-tête — mutisme absolu... Ho! ho! dit Montfleury en riant, si tu n'es pas mort, tu parleras, ou je saurai pourquoi ; et, en trois bonds, il atteignait son obstiné muet... Combien il regretta sa plaisanterie quand, en touchant le malheureux, il vit qu'il était mort de froid depuis bien des mois peut-être, car une mousse légère végétait sur l'épiderme de sa peau desséchée. Le corps était d'ailleurs dans un état de conservation parfaite, dans l'attitude de l'existence, avec toutes les apparences de la vie... Le pauvre chasseur, transi de froid, avait lutté avec énergie, jusqu'au dernier moment pour ressaisir avec la chaleur le souffle qu'il sentait lui échapper. Il avait eu le courage de ramasser un petit paquet de bois qui gissait à ses côtés ; d'une main il tenait encore son briquet, de l'autre son *tondre*. La gelée avait paralysé ses bras au moment même où il s'apprêtait à faire jaillir quelques étincelles. S'il avait pu allumer du feu, il était sauvé. On l'a vu, dit-on, pendant bien longtemps, entièrement momifié.

Vous voyez que les montagnes du Bourbon ont leurs légendes comme les glaciers de l'Helvétie ; en voici une qui se rattache au piton d'*Anching* et qui explique le nom donné à cet obélisque qui surgit du fond du cirque de Salazie.

Un Madécasse nommé Anching, pour se soustraire à une punition, se sauva dans les grands bois, et, comme, à cette époque, le bassin de la rivière du Mât était inculte et inhabité, notre fugitif crut qu'il y trouverait, en toute sécurité, les vivres et le couvert. Il gravit le piton presqu'inaccessible qui s'élève à une hauteur de dix-huit cents pieds au-dessus des forêts environnantes, et suivi de sa femme, il y planta sa tente ou plutôt les fourches de son ajoupa, car au haut de sa forteresse il avait trouvé, avec l'indépendance, les nécessités de la vie, de l'eau, des songes, des fanjans sorte de fougère dont les Malgaches savent tirer une fécule nourrissante, et enfin une plate-forme assez spacieuse pour y cultiver quelques racines. Il faut si peu à l'homme sauvage ! Bref, il trouva à y vivre, car il vécut sans trouble et sans inquiétude pendant dix ans ; il y devint le chef d'une nombreuse famille en y donnant le jour à sept enfants qui jamais depuis leur naissance n'avaient fait un pas hors de la montagne paternelle. Anching du haut de son donjon,

— 94 —

planait sur toute la région adjacente, avait l'œil constamment au guet, et le solitaire voyait et entendait tout à deux ou trois lieues à la ronde. Au moindre bruit suspect, à la moindre apparition inquiétante, il se tenait coi avec sa progéniture tapie sous le feuillage, et les détachements passaient et repassaient sans avoir jamais soupçonné qu'une famille entière d'êtres humains vécût isolé sur la pointe d'un obélisque de laves, comme les corneilles en Europe sur la flèche de nos clochers. Enfin (car tout bonheur a son terme), une fois, Anching, s'écartant de sa prudence habituelle, alluma du feu en plein jour : précisément, ce jour-là même, un chef de détachement rôdait, par malheur, aux environs, chassant aux grands marrons et guettant sa proie. C'était un vieux routier qui, en voyant une vapeur bleue s'élever, par un temps clair, du sommet du piton, reconnut, avec son œil de lynx, de la fumée si facile d'ailleurs à distinguer des autres nébulosités. Aussitôt il se dit : « point de fumée sans feu, et point de feu, autre que celui du volcan, sans main qui l'allume. Je cherchais des marrons, j'en tiens. » Et aussitôt, ardent à la curée, le chef du détachement grimpa à l'escalade avec ses hommes, et surprit au sommet du piton le pauvre Anching qui avec sa femme et ses sept enfants fut reconduit à son maître. Celui-ci, comme bien vous le pensez, le reçut à merci et lui fit grâce de toute peine encourue. Les enfants nés dans le bois promenèrent pendant longtemps un œil de stupeur sur tout ce qu'ils voyaient dans *les bas;* tout était étrange pour eux dans la vie civilisée. Pendant plusieurs jours, ils ne purent voir un cheval ou toute autre gros animal sans prendre la course en frissonnant de terreur.

Disons, en terminant le précis de notre exploration, un mot de la flore de ces régions hivernales. La végétation en est appropriée à l'âpre climat qu'elle subit depuis mai jusqu'à la fin de septembre. Toutes les plantes, par une admirable prévoyance providentielle, y sont cotonneuses et ouatées d'un épais duvet, tous les arbustes (des arbres il n'en faut pas parler) y ont le feuillage charnu et rude, les rameaux trapus, resserrés en boule, et sont fourrés d'un chaud vêtement de mousse pour résister aux rigueurs d'un hiver qui, dans les rares bassins qu'on rencontre, fait geler l'eau à plus d'un pied de profondeur. Un autre phénomène qui signale encore la sévérité du climat à la hauteur où nous sommes, c'est la couleur blanchâtre que revêtent sans exception tous les végétaux depuis les lichens jusqu'aux arbustes les plus élevés. Ici point de verdure et nous voilà en plein été. Nous sommes en mars, et la nature, absolument la même qu'en septembre, n'a point quitté cette pâle livrée de l'hiver qui, en Russie, blanchit jusqu'aux animaux tels que les lièvres, les perdrix, les lagopèdes, etc. Ici, rien qui rappelle même les zones tempérées. Pour toutes plantes, des mousses d'espèces très variées, des lichens fongueux comme des éponges, des immortelles au feuillage argenté, des ambavilles et des bruyères de quatre espèces différentes. Voilà les rabougris et malingres végétaux clair-semés dans un plateau de plusieurs lieues de superficie.

Sans doute, cette nature est improductive, sans doute la vie s'écoulerait bien terne sur les âpres sommets que Dieu souleva dans les airs pour être l'admiration et non l'habitation des mortels; mais que ces fières et sourcilleuses montagnes sont pleines de la poésie de la nature et de la grandeur du Tout-Puissant! Avec quelle conviction intime, avec quelle humilité profonde, l'homme, si petit devant ces gigantesques masses, proclame la majesté du Créateur! qu'il se sent heureux, lui perdu là au sein du plus aride désert, de se croire soutenu par la main protectrice d'un Dieu si manifesté par ses œuvres, de s'endormir le soir dans quelque ténébreuse caverne, toujours sous l'aile d'une maternelle Providence... Oh! que ceux qui ont le malheur d'éprouver les angoisses du scepticisme, que ceux-là fassent l'ascension du *Bé-Nonne*, et en extase devant les merveilles de la création, ayant sous leurs pieds une contrée entière, autour d'eux les plus imposants spectacles, ils croiront pour leur consolation, et levant des regards de bonheur vers la voûte céleste qui, azurée du bleu le plus foncé, infléchit vers eux son immense dôme, du trop plein de leur cœur, ils s'écrieront les yeux humides de larmes : Vous seul êtes plus haut, Seigneur, que le hardi piédestal qui nous rapproche de vous; vous seul êtes plus grand que tant de grandeurs qui vous environnent!

EDEN

Allez au Brûlé, habitants de Saint-Denis, allez séjourner dans les pavillons commodes et confortables de M. Eugène Trouette, pour y retremper vos forces débilitées, y guérir vos hépatites et vos gastrites, y puiser un appétit digne de Brillat-Savarin, y animer, Mesdames, du frais coloris de la rose votre teint si blanc et si pur, et y visiter surtout ce bijou des jardins de Bourbon, la délicieuse campagne d'Eden !

Grenade, abritée dans les flancs entr'ouverts de sa fraîche montagne d'Alpuxare, Grenade, la reine de l'Andalousie, la cité des parfums, des fleurs et des eaux jaillissantes, est la perle des Espagnes, et c'est en versant des larmes de désespoir que son dernier roi maure Boabdil tourna un regard d'adieu vers elle ; Saint-Denis, qui jouit d'un climat encore plus favorisé, Saint-Denis a, elle aussi, ses bosquets de roses, ses colonnades de palmiers, ses eaux limpides, sa montagne protectrice, parfumée, d'où descendent des ruisseaux de l'onde la plus fraîche ; et c'est sur la sommité du riche versant qui s'abaisse avec amour vers la cité chérie qu'il abrite, que se trouve la villa la plus séduisante de notre île, que se trouve Eden.

Eden ! nom de suave poésie biblique, jardin délicieux, asile de bonheur de nos premiers parents ; Eden ! nom qui résume toutes les idées de félicité ; qu'heureuse a été l'inspiration qui a doté de ce nom fortuné le charmant réduit qui le porte ! Ce nom, partout ailleurs, semblerait ambitieux ; il n'est que juste pour le lieux qu'il décore, car le charme qu'il annonce est là complètement réalisé... La plus capricieuse, la plus diversifiée des routes vous y conduit par un véritable labyrinthe de verdure. A mesure que vous laissez la plaine du Butor au-dessous de vous, les bouffées ardentes de la côte se rafraîchissent, l'ardeur torride des régions inférieures est tempérée par un moite zéphir qui, empreint de l'odeur balsamique des bois, vient, en s'échappant des gorges de la montagne, soulager vos poumons. L'ambaville, à la hauteur de trois cents toises, vous annonce le passage de la zone intertropicale à la zone printanière, et bientôt après, vous entrez, par une scintillante cascade du Brûlé, dans le chemin sinueux de la forêt... Ce mirifique sentier vous promène, à chaque contour, d'étonnement en étonnement. Vous sautez d'un fourré épais de *sabres* et de *cannes mar-*

rones dans une pente matelassée du gazon de la *verte Erin* qui serait recherché pour orner les *Bowling-Green* de l'Angleterre ; si vos pieds cessent de fouler ce moelleux tapis, c'est pour marcher sur une pelouse de fraisiers dont les fruits, grenats végétaux, brillent vermeils comme des rubis. On rencontre à regret sous ses pas ces fruits si vivement colorés qu'on froisse malgré soi dans le sentier qu'ils envahissent tant ils sont abondants, il n'y a pas même à se baisser pour en prendre car ils pendent au talus de la route à la portée de votre main. De temps à autre, une source diaphane épanche, en barrant le chemin, son onde de cristal qui roule en perles liquides sur la mousse de velours du rocher ; et enfin, les yeux et le cœur satisfaits, on arrive, sans se douter de la longueur du trajet, à la gracieuse villa qui domine le plus riant des paysages. Elle se tapit comme un nid d'alcyon dans l'anfractuosité de deux monts feuillus. Sous ses pieds, Saint-Denis, flanquée à l'ouest de son sévère cap Bernard, à l'est de sa vaste forêt de filaos, épanouit ses flots de maisons ombragées de massifs d'arbres et ses rues symétriques coupées à angles droits ; au nord, dans un lointain, image de l'infini, fuit devant l'œil l'horizon vaporeux d'un océan sans limites, et au milieu de ce riche encadrement, se déploie dans toute sa grâce, avec un prestige irrésistible, la riante, la floride habitation d'Eden, ce chef-d'œuvre de goût que l'art et la nature ont concouru à embellir. Là, en arrivant, l'Européen palpite de joie... Les chênes sous lesquels fut bercée son enfance, le lys majestueux dont il vénérait, aux solennités sacrées, l'éblouissante candeur, les sapins qui lui remémorent les âpres frimats de l'hiver, les violettes dont il allait épier avec avidité la première fleur dès que la terre s'était dépouillée de son manteau de neige, sourient simultanément à ses regards ravis... L'aspect des végétaux du sol natal si chers à son passé, éveille en lui, avec les parfums respirés dans sa jeunesse, mille souvenirs latens et doux de la patrie. Il se reporte avec charme vers sa belle France qu'il vient de rencontrer à l'improviste dans sa parure du mois de mai... Et l'Européen ne sera pas le seul soumis à l'influence magique de ce jardin à la floraison si splendide ; le Créole de Bourbon et l'étranger de tout pays s'extasieront en voyant cette profusion exhubérante des fleurs les plus riches, des plantes les plus rares, des arbres les plus exotiques ; en voyant ce jardin de délices dont le parterre élégant de l'habitation Valentin est la brillante annexe; cet Eden de fleurs où se sont donnés rendez-vous, des quatre parties du monde, les plus magnifiques végétaux qui puissent servir de décoration à l'horticulture !!! L'hortensia de l'Europe, dans un même parterre, se pavane près du magnolia de l'Amérique, et, à côté d'eux, l'arbre à thé de l'Asie dispute au biguonia africain la préférence des regards du visiteur. Les espèces sont là aussi belles que multipliées, et le croisement des étamines y a créé les plus riches variétés.

7.

Eden est un écrin de rutilantes corolles et de pétales éblouissants ; c'est vraiment le temple de Flore, et ce temple a pour prêtre l'intelligent horticulteur-fleuriste M. Lavignac. Il soigne avec la tendresse d'une mère et avec l'habileté d'un tuteur les plantes délicates confiées à sa direction sagace. Déjà il a préparé des chassis, des *ombrières*, des cloches de verre. Les fleurs, désormais préservées des moisissures de l'humidité, et des ardeurs du soleil, brilleront, grâce à ses soins expérimentés de tout l'éclat de leur lustre. Un si minutieux labeur mérite encouragement. L'intention de M. Lavignac est d'approvisionner Saint-Denis des belles fleurs d'Eden que tous n'ont pas la facilité ni le loisir d'aller admirer sur les lieux. Puisse ce desservant de Flore vivre de l'autel sur lequel il offre, pour encens, tant de suaves parfums! Puissent les beaux *camélias* qu'il cultive ne pas se faner solitaires, loin des regards admirateurs ! Qu'ils ne soient pas frustrés de leur plus désirable destination, celle d'allier, dans nos bals et dans nos fêtes, leur blancheur d'albâtre aux roses du teint de nos jolies Créoles ; qu'ils ne soient pas privés d'offrir ainsi, en servant de parure à la beauté, une délicatesse de nuances et une ampleur de dimensions que nos fleurs *des bas* ne sauraient fournir.

Maintenant, quand on se dit qu'Eden est non-seulement la corbeille de Flore, mais encore le temple d'Epidaure, qu'aux fleurs multicolores qui récréent la vue sont adjointes les plantes médicinales qui soulagent l'humanité, que l'air qu'on y respire double la vigueur des gens bien portant et rend promptement aux malades la vie et la santé, on ne peut que féliciter un des médecins de notre Ile d'avoir sacrifié à la déesse Hygie sur l'autel des Grâces.

En créant sa délicieuse villa, M. Bernier s'est montré homme de goût et homme bienveillant pour tous. Il a bien mérité des Européens en leur donnant, dans son admirable jardin, les plus gracieux ressouvenirs de la patrie absente ; il a bien mérité des Créoles, en leur mettant sous les yeux et sous la main, placé qu'il est aux portes de la capitale, le plus riche *spécimen* de ce luxueux printemps de France vers lequel s'élancent leurs désirs, mais qui, auparavant, ne pouvait exister qu'à l'état de rêve, dans leur imagination.

LA VILLA VALENTIN

Oh! qu'il est doux de quitter les mille exigences de la vie symétrisée des villes pour aller passer une semaine de quiétude parfaite, de *far-niente* délectable et de joyeuse villégiature dans nos montagnes.

Vous partez par une chaleur torride, suant sang et eau; vous gravissez, essoufflé et en nage, les pentes abruptes; votre respiration haletante trahit vos efforts pendant la route. Mais aussi quelle compensation de la rude ascension victorieusement accomplie que le bien-être si suavement ressenti à l'arrivée! Quelle jubilation d'aspirer à pleine poitrine l'air si pur, si frais, si balsamique du plateau de *Graëb ville*! Comme on se sent dispos, léger, dégagé de toute gêne corporelle, intellectuelle ou sociale, lorsqu'on a laissé Saint-Denis à trois mille pieds au-dessous de soi. En changeant de climat on a transformé son existence. La vie devient en quelque sorte éthérée. On s'imprègne l'énergie et l'activité par tous les pores, on s'agite, on marche, on court impunément. On ne traîne plus le poids d'un corps appesanti qui, dans la zone subjacente, regimbait maussadement contre tout violent exercice; on est devenu réellement *une intelligence servie par des organes*, selon la belle expression de M. de Bonald, et l'âme qui a reconquis la domination sur son esclave rebelle use largement du droit de commander à son vassal.

L'existence dans les hautes régions de Bourbon est décuplée de vitalité. Cette sphère printanière et tonique est pour l'homme allangui par le climat tropical, le plus efficace des stimulants. Il y accomplit des tours de force de gymnastique et des miracles d'hygiène. Il y boit comme Bassompierre, y mange comme l'empereur Maximin, y dort comme un loir, et y arpente le terrain comme une locomotive chauffée à dérailler. Que lui importe la distance des lieux? il dévore l'espace.

Que lui importe le soleil ? il ne le sent que comme le dispensateur d'une tépéfaction à peine sensible à l'heure de midi. Que lui fait le froid de la nuit ? Il a le plaisir si cher à tout frileux de tisonner avec du combustible à discrétion. En quoi l'importunerait la pluie ? il erre insoucieusement sous les douches d'une averse inoffensive de laquelle il ne résultera ni rhumatisme ni catharre. La santé s'est bronzée à l'influence d'une température alpestre. Il a trouvé le bienheureux climat de Jouvence que chercha si obstinément Ponce de Léon et que dut rencontrer le doyen de la race humaine, Mathusalem, qui sans cela n'eût pas vécu neuf cent soixante-neuf ans.

En avant donc vers les montagnes de notre île qui font vivre si dru et si plantureusement, disions-nous, en nous élançant dès le point du jour à la poursuite des merles, hélas ! trop clair-semés depuis que les chasseurs acharnés d'autrefois en ont presque détruit l'espèce ; en avant vers nos montagnes bien-aimées, répétions-nous avec admiration, car rien n'est plus placidement beau que le lever, dans nos forêts, du soleil qui, émergeant du sein des ondes, teint d'un rose si tendre les mornes pittoresques qui accidentent l'horizon autour de nous. Ce calme du matin, impressif partout, revêt dans les hautes régions où nous sommes suspendus une grandiose majesté. La solitude aux premières heures du jour est ici si solennelle ! l'air est si diaphane, la voix lointaine des cataractes si susurrante, les feuilles frangées des palmistes et les gigantesques ombrelles des fougères-arbres se balancent avec une si onduleuse morbidesse, que tout dans le paysage respire la paix et vient pénétrer l'âme du plus limpide bonheur. Puis à cette riante manifestation d'une nature bienfaisante, à ce panorama que Dieu seul pouvait si poétiquement harmoniser, à ce spécimen d'un matin radieux comme un rêve des Mille et une Nuits, succède le plus divergent des contrastes. Un réseau de brumes floconneuses et nacrées monte insensiblement de l'océan vers vous, s'en rapproche furtivement pendant que vous errez de pitons en ravins, et, tout-à-coup, la mer de vapeurs tourbillonnantes abaisse sur vos têtes sa voûte assombrie, et, en tirant sur la scène de magique féérie son épais rideau, elle vous transporte de la séduisante perspective des îles Fortunées aux ternes paysages de la nébuleuse Albion et aux ossianiques brouillards de la grisâtre patrie de Fingal. A travers le mirage de vapeurs, tout prend un aspect glauque, austère, méditatif. L'explorateur, submergé dans cet abîme de nuées, image d'un vide sans limite, se sent pris d'une appréhension involontaire qui change le cours de ses idées et de ses émotions.

Un des plus intéressants épisodes d'un voyage dans nos montagnes, c'est une visite à l'habitation Valentin. Pour contempler dans tout son lustre cette villa enchanteresse, il faut devancer les brumes, qui, vers le milieu du jour, l'enveloppent de leurs nébulosités. Il faut, dès l'aube, quitter le chalet hospitalier où s'abrita le repos de la nuit, prendre le baton de maho, et allégrement allonger le pas à travers les fourrés de fougères, les tapis de fraisiers et les massifs d'ambavilles qui masquent l'entrée du chemin d'Eden. Là, en pleine forêt, vous cheminez mollement sur l'ouate des mousses ; vous vous enfoncez sous une sombre arcade de branchages touffus, *tunnel* aérien de verdure. De temps à autre, les bouillons d'albâtre d'une cascade font étinceler leurs gouttelettes brillantées par le soleil au-delà de la pénombre qui vous enveloppe ; ailleurs, un gazon plus fin que le ray-grass de Kénilworth égale d'une nuance éclaircie la teinte foncée de nos végétaux africains, enfants robustes du climat des tropiques. Au passage de la rivière du Butor, une profonde crevasse rompt brusquement l'uniformité de la route et le fond de cette gorge, aux parois presqu'à pic, offre la plus exhubérante profusion de fougères multiformes et de mousses sylvatiques... Depuis l'énorme fanjan qui s'élance à soixante-dix-pieds jusqu'à l'humble lichen qui tapisse le rocher, tous les végétaux saxatiles cherchent et trouvent une rainure dans le roc vif, ou une fissure dans la lave, pour y avoir une place au soleil ou plutôt à la moite aspersion d'une rebondissante chûte d'eau. Les yeux s'arrêtent avec ravissement sur cette anfractuosité délicieuse qu'un feuillage artistement découpé par les mains de la nature, orne avec plus de goût et d'élégance que nous ne décorons nos somptueuses salles vertes avec toutes les ressources que le luxe nous prodigue. Au-delà du romantique vallon, le chemin reprend sa ligne horizontale en repliant ses flexibles méandres ; les feuilles lancéolées du glayeul-sabre en revêtent le talus d'une cuirasse végétale. Puis on rencontre de verdoyantes cressonnières abritées au fond d'une conque de granit, et enfin apparaît, sur une éminence qui lui sert de gracieux piédestal, la villa Valentin, le plus riant *cottage* qu'un paysagiste anglais eût pu se complaire à enjoliver de toute la magie de sa palette. Ce bijou d'élégance urbaine agencé avec toutes les recherches d'un confortable raffiné, reluit autant, dans ce lieu sauvage, de sa brillante propreté que du contraste saisissant de la nature sylvestre et inculte qui le met en relief.

Quand vous touchez le seuil de ce temple du goût érigé sur les hauts-lieux et qui semble vous adresser la cordiale bienvenue des anciens : *Salve hospes,* une nouvelle surprise vous y est ménagée. Le plus riche parterre, véritable écrin de Flore, dessiné avec autant de régularité que si la main de *Le Notre* y avait passé, enlace de ses arabesques tout le pourtour du cottage et en fait le point central d'une immense corbeille de fleurs d'où s'échappent, par effluves embaumés, d'exhilarants parfums et où font resplendir leurs rutilantes corolles des forêts de dahlias, de roses, de fuchsias et d'anémones, au-dessus desquelles la vermeille pivoine et le lys royal, plus éclatant que Salomon dans toute sa gloire, élèvent leur superbe tête. Et, comme si tout, fleurs et parfums, ne rappelait pas le printemps en ce lieu séduisant, la verdure européenne du feuillage et la fraîche haleine d'un air dont 15 degrés au thermomètre indiquent à midi la température, viennent compléter l'illusion. Aussi ce précieux jardin est-il salubre par excellence ; aussi les malades affaissés par l'épuisement ou émaciés par le marasme y puisent-ils une guérison rapide, une sorte de résurrection, de sorte que la villa Valentin, où il fait si bon vivre, est en même temps un des lieux au monde où l'on a le plus de chances de vivre longtemps.

UNE PARTIE DE PÊCHE A LA ROCHE-A-JACQUOT

~~~~~~~~~~~~~~~~~~~~~~~

O vous qui aimez la vie si attrayante des coureurs de bois, vous qui désirez placer dans votre existence un épisode à la façon de Cooper, qui tenez à marcher sur les traces du Nemrod bourbonnais, de notre renommé Villiers Adam, allez faire une partie de pêche à la *Roche-à-Jacquot*. Il est vrai que la Roche-à-Jacquot est au pied des Salazes, qu'il faut rudement monter et périlleusement redescendre ; mais aussi quelle joie de dire, le soir de l'arrivée, au feu du boucan où vous vous allongez insoucieusement, sans crainte de blesser l'étiquette, tandis que les marmites sur leurs *tocs* mijotent un souper que l'appétit montagnard rendra si succulent, tandis que la fumée de votre cigare tourbillonne en floconneuses arabesques autour de votre tête béatifiée, oui ! quelle joie de dire : Ici, je suis *moi* et je suis *à moi* ; ici je jouis de toute l'indépendance dont Dieu a doté l'homme, sa plus noble créature ; j'ai laissé sous mes pieds, dans une atmosphère épaisse et méphytique dont me sépare une zone éthérée, tous les soucis de la vie domestique, tous les jougs de la vie publique, toutes les entraves de la société ; ici, le calme de la nature procure l'apaisement du cœur et la quiétude de l'âme.

Pour ceux donc qui seraient tentés de visiter la Roche-à-Jacquot et sa poissonneuse ravine, voici l'itinéraire à suivre ; mais commençons par dire qu'il faut des gens ingambes et résolus, ayant pied de biche, poignet solide et œil de lynx, car il faut descendre la fameuse *Plonge de la rivière du Mât*, et c'est pendant six heures que dure le trajet (4,800 pieds d'escarpement dans une déclivité aussi abrupte que la gorge de la rivière Saint-Denis), un exercice à la façon des acrobates. Il faut marcher, selon l'expression créole, *en bibouk*, c'est-à-dire à la manière des araignées, plus avec les mains qu'avec les pieds, s'affaler

souvent le long des cordages ligneux de l'affouche, traverser, parfois,
les pieds nus, des éboulis qui, en dénudant le roc ne laisse plus de
prise à la main du voyageur. Heureux le voyageur quand il n'a d'autre
crainte que celle que la poignée ne lui échappe ; mais dans *les cassés*,
plus de poignée à saisir. Gardez votre aplomb sur la roche pelée en
équilibrant votre corps par un mouvement des bras en guise de balan-
cier, et ne trébuchez pas, ou bien vous rouleriez au fin fond des abîmes...
Garez-vous dans ces moments critiques des fascinations du vertige ;
regardez uniquement où vous posez le pied, nulle part autour de vous,
jamais en bas. Garez-vous encore plus des histoires que votre guide
vous raconterait dans le genre de celle-ci.

« Attention, nos gens, ou bien, ma foi ! vous ne reverrez jamais
« Saint-Denis. N'allez pas faire comme mon frère qui s'est tué, il y a
« trois ans, en tombant d'un rempart où il était allé détacher des songes ;
« ou bien comme ce pauvre jeune homme de dix-sept ans qui était parti
« avec Chéry Infante et deux autres créoles. Il courut devant pour déni-
« cher des mouches qu'il voyait entrer dans un trou de roche ; le pauvre
« défunt, dans un endroit presqu'à pic, s'inclina sur le rempart en se
« tenant à un arbre pour mieux plonger son regard dans le vide, mais
« l'arbre brusquement déraciné roula dans l'espace avec le chasseur
« qui s'y cramponnait... Un cri ! et le bruit retentissant d'un tronc qui
« bondissait de roc en cap avec une avalanche de pierres appelèrent
« les compagnons du malheureux sur le lieu de sa chûte... tout avait
« disparu... quelques racines de l'arbre fatal appendaient seules comme
« indices du malheur arrivé et de sa cause. Le soir, après de longues
« recherches, on trouva mort et méconnaissable, tant il était hideuse-
« ment broyé, le pauvre chercheur de miel qui dort, depuis ce temps,
« dans un précipice solitaire ayant pour insigne tumulaire une croix
« de bois qui commence à se couvrir de mousse. » Allez donc entendre
de sang-froid ces paroles qui viennent comme un glas tinter à vos
oreilles, accolés que vous êtes à la paroi de quatre mille pieds de la
plonge comme autant de chauves-souris. Il y a de quoi donner la chair
de poule et un tremblement nerveux !

Un instant après, pour vous remettre le cœur, ce sera une admoni-
tion jetée ainsi à votre prudence par le guide susmentionné : « Passez
« vite les éboulis ; Messieurs, regardez cette roche, tombée de la veille,
« qui vient de s'arrêter dans la fourche de ce vieux arbre ; il en pleut
« continuellement de semblables, et une seule de la grosseur d'un œuf
« vous fendrait le crâne en tombant de si haut. »

Saisi par ces révélations comminatoires, le voyageur effrayé précipite le pas, au risque de perdre pied et de sombrer dans l'éternité ; de
deux maux il croit choisir le moindre, celui qui offre encore une chance
de salut, car que faire contre un déluge de rocailles qui arriverait sur

votre occiput de quinze à dix-huit cents pieds de haut ? C'est bien réellement le plus formidable des dangers qu'il y ait à affronter.

Eh bien ! malgré tout cela, on descend avec hardiesse, avec gaîté ; le péril vous excite et vous grise comme la fusillade anime le guerrier, et non seulement on continue à descendre, mais encore on s'arrête complaisamment pour admirer... La nature est si attachante en ce lieu, soit dans son horreur terrifiante, soit dans ses insolites productions ! D'un éboulis écorché au vif vous passez à un étage moins déclive, sorte d'esplanade de l'escarpement. Là, les plantes saxatiles tissent un tapis Ternaux des mousses les plus cotonneuses. Ce tapis est émaillé de rouge cramoisi, de brun marron, de vert tendre, de noir de jais, et il se diapre des campanules violettes des orchidées et des rosaces jaune-doré d'une espèce d'immortelles sauvages. C'est proprement un charme, selon l'expression du bon Lafontaine. En alternant ainsi l'horrible et le gracieux, après six heures de marche qui n'ont pas paru longues à votre constante préoccupation, vous arrivez à la Roche-à-Jacquot. Le paysage s'y transforme complètement. Au lieu du froid aigu qui vous rayait la figure, et vous donnait l'onglée au sommet de la *Plonge*, une température attiédie et parfumée par l'odeur de la vanille des fleurs de fandamane embaume les abords de la caverne où vous allez gîter. Un charmant ruisseau en longe l'entrée, d'énormes pêchers empourprés de leurs fleurs abaissent vers la grotte leurs purpurins rameaux, des nappes de cresson-monstre, de plusieurs pieds de hauteur et dont la tige dépasse la grosseur du goulot d'une bouteille, recouvrent les cailloux blanchâtres de la ravine adjacente ; des plants de brèdes dans un seul desquels une bazardière de Saint-Denis trouverait à faire plusieurs paquets, rampent sur les deux rives en montrant leurs baies violacées ; le faham se suspend en abondance aux gibbosités des vieux arbres inclinés sur la caverne, et quand on en sort pour visiter la ravine (car on n'oublie pas que la pêche est le mobile du voyage), on voit glisser sous les larges feuilles de songes qui voilent la surface des bassins, des troupes effarouchées de boucherongues et de ces cabots des hauts à nageoires roses et violettes qui laissent reluire au soleil leurs éclatantes couleurs. A cette vue on déploie la poche ; ces belles loches, ces boucherongues bariolées seront les premières victimes du plaisir du voyageur, car elles offrent un excellent plat à son appétit surexcité par la descente de la *Plonge*, puis ensuite elles servent d'appât aux hameçons qui, le lendemain, rapporteront triomphalement au boucan les grosses amales, le meilleur poisson de notre île, au dire des gourmets, après la chitte, bien entendu. Cette pêche des boucherongues est fort amusante et toujours copieuse. Deux des pêcheurs tiennent éployée la poche qui barre le courant le plus profond ; on l'a palissadée à droite et à gauche d'herbages épais submergés à dessein ; puis une autre escouade

avec de longues branches garnies de leurs feuilles agite l'onde et épouvante les timides petits poissons qui, terrifiés, se précipitent par batail-
lons au fond de la poche qui est en temps opportun prestement levée.
On en capture ainsi des demi-sacs. Puis, vers le soir, on va couler des
bouts de lignes appâtées le long des bassins, puis on soupe gaîment ; la
pénible journée est close, le feu pétillant de l'ajoupa reluit, les joyeux
propos circulent, le calumet de paix se fume, et enfin, sous la paternelle
protection de Dieu on s'endort bercé par le bourdonnement sourd des
cataractes et par l'espoir de l'heureuse pêche du lendemain.

Au premier chant du tèque-tèque, on se réveille bruyamment ; on
avale à la hâte son café, et l'on court aux lignes qui sont *à la trempe.*
Oh ! quelle joie de les sentir lourdes à haler ! de les voir frémissantes
des soubresauts des amales accrochées à l'hameçon ! de contempler,
glissant sinueusement sur la grève, ces serpents d'eau douce arrachés
à leur élément ! On apporte tumultueusement à la *Roche-à-Jacquot* les
dépouilles opimes conquises sur la ravine, et on repart avec allégresse,
dans la journée, pour aller tenter la même fortune dans les méandres
tortueux des hauts de la rivière du Mât.

L'ÉTANG DE SAINT-BENOIT

Rien de plus riche que Bourbon dans sa nature cultivée ; mais offre-t-elle moins de pompe dans sa nature sauvage? Gravissons les mornes de l'intérieur, visitons ces cratères éteints, sombres cavernes où le cabri défie la poursuite du chasseur; allons, quand la foudre ébranle les sommets du Piton-des-Neiges ou du Bé-Massoun, voir mugir les cataractes de la rivière du Mât alors que ce torrent dévastateur, grossi par les pluies de l'hivernage, vomit les rochers qu'il arrache aux précipices et les troncs de bois de fer qu'il a déracinés ; pénétrons dans ces forêts dont l'ancienneté se perd dans la nuit des âges, où la main de la nature a laissé son empreinte primitive ; la scolopendre, le faham et mille plantes parasites semblent faire revivre, en les parant d'un feuillage d'emprunt, les générations végétales que la faulx du temps a amoncelées sur le sol ; dans ce terroir vierge, des essaims d'arbrisseaux pullulent sous l'abri protecteur des patriarches dont les rameaux courbés de vétusté leur donnèrent la vie ; mille lianes enlacent de leurs contours bizarres ces Nestors de la végétation, et une mousse blanche suspend à leur écorce ridée ses flocons d'argent pour leur donner un aspect vénérable.

Oh ! quel pays offrirait des sites plus sublimes, des points de vue plus majestueux ! De quelle émotion indéfinissable est saisi l'audacieux explorateur qui gravit nos montagnes, quand, escaladant à l'aide des lianes flexibles de l'affouche, les rocs abrupts dont sa vue atteignait à peine la hauteur, il sort d'une mer de vapeurs qui tourbillonnaient autour de lui dans l'espace, et s'élance, encore humide de leur draperie aérienne et palpitant d'un effroi involontaire, sur le sommet du Piton des Neiges ! Alors il plane sur la création, son œil embrasse un horizon incommensurable, une contrée entière est à ses pieds. Du centre des glaciers qui l'entourent, il plonge un regard étonné sur les précipices dont il essaie en frissonnant de sonder la profondeur... Ces immenses crevasses, vestiges effrayants d'une commotion qui a ébranlé l'île jusque dans ses fondements, font étinceler, le long de leurs flancs escarpés, les eaux tourmentées de mille cascades qui bondissent dans le vide et se précipitent avec fracas dans les gouffres béants qui les absorbent et qui voilent d'une mystérieuse obscurité les larges bassins où de nombreuses rivières remplissent en secret leur urne.

Telle est Bourbon quand on visite ses montagnes, et l'un des épisodes les plus curieux de cette intéressante exploration est sans contredit l'*Etang de Saint-Benoit*.

La dentelure aiguë des pics, les escarpements hardis, la verdure si drue et si vivace des déclivités chevelues qui s'inclinent aux flancs des âpres sommets, les cataractes qui élèvent leur grande voix pour animer le silence des solitudes, ne sont pas les seules beautés que les montagnes de Bourbon partagent avec les Alpes et les Pyrénées ; pour que les monts sourcilleux de notre île n'aient rien à envier aux sites si préconisés par les touristes européens, ils recèlent aussi des lacs admirables de transparence et de contrastes pittoresques. Déjà ont été décrites la Mare-à-Poules-d'Eau et la Mare-à-Martin, ces réservoirs d'eau cristalline, ces limpides miroirs où se reflètent, comme dans de gigantesques daguerréotypes, les sites les plus enchanteurs, lorsque le calme de leurs eaux réfléchit les paysages des montagnes environnantes. Mais le plus riche joyau que les lakistes auraient à admirer, le diamant de la plus belle eau entouré d'une radieuse parure d'émeraudes, l'*Etang de Saint-Benoit,* est encore inapprécié, et cependant c'est peut-être le plus ravissant paysage d'un pays si riche en sites créés pour le plaisir des yeux. Dans cet Eden du désert tout semble réuni pour provoquer une admiration que l'ensemble commande, que chaque détail justifie. En effet, la majesté la plus imposante, les perspectives les plus suaves, les anfractuosités les plus austères et les teintes les plus veloutées s'y harmonisent sans se heurter.

Quand, après avoir gravi le chemin de la Plaine, vous avez laissé derrière vous le fertile et souriant quartier de Saint-Benoit ; quand, du point culminant de l'amphithéâtre de culture qui s'abaisse sous vos pieds, vous apercevez, au milieu de la riche lisière du littoral, et déjà dans un vaporeux lointain, les opulentes sucreries de Guigné et Defresne Moreau sur lesquelles vous jetez un dernier regard, la nature cultivée cède à la nature sauvage. Vous vous enfoncez dans la vénérable forêt qui couronne les hauteurs, vous aventurez mystérieusement vos pas sous les arceaux de la verdure la plus feuillue, avec cette anxiété saisissante et fatidique qui impressionne si profondément l'âme..... La sombre horreur des bois vous plonge dans une rêverie méditative et religieuse. Dieu parle à l'âme, dans ce silence solennel, aussi haut que dans le fracas de la tempête, que dans les terribles grondements de la foudre. Vous cheminez, concentré en vous-même, sous le charme d'une émotion palpitante... tout horizon a disparu... le dôme des forêts se surbaisse ; l'obscurité déjà semi-nocturne de la feuillée s'assombrit de plus en plus, car deux énormes remparts projettent sur l'étroit vallon que sillonnent vos pas leurs gigantesques ombres... tout est calme, imposant dans ce sanctuaire inaccessible aux brises de la côte et aux rayons du soleil. Vous vous croiriez plongé dans un de ces *tunnels* creusés dans les entrailles des monts pour livrer passage aux wagons de nos chemins de fer... Tout-à-coup, une percée lumineuse apparaît comme un phare d'espérance, et le pas se précipite allègrement, car cette éclatante clarté révèle avec le terme du voyage une surprise inattendue. On s'élance hors du goulet ombreux et *voilà l'étang !* est un cri d'enthousiasme qui jaillit de toutes les poitrines... Ce cri ne se répète pas, car l'admiration a déjà fasciné tout votre être, car l'âme tout entière se réfugie dans les yeux. On reste cloué où l'on est dans une contemplation extatique... Hélas ! comment décrire ce qui est indescriptible, ce que le cœur suffit à peine à sentir, ce que le langage est impuissant à formuler ! Oh ! qu'on voudrait alors assouplir les mots aux sensations ; qu'il en coûte, quand on voudrait peindre, de ne pouvoir qu'imparfaitement raconter !

En face de vous se déroule un ovale immense, une de ces *oulles* célèbres dans les Pyrénées, vaste cratère dont la bouche jadis ignivome s'est, par un effet des perturbations qui transforment les contrées volcaniques, convertie en le plus délicieux des lacs. C'est en vérité, un paysage d'une fantastique féerie que l'*Étang de Saint-Benoît*, que cette colossale *vasque* d'une onde de cristal qui sommeille mollement dormante, abritée qu'elle est au fond d'un entonnoir dont la contrescarpe est formée par un revêt circulaire de dix-huit cents pieds d'élévation. A peine un léger zéphir vient-il en rider la surface et faire susurrer d'imperceptibles flots sur une grève d'un sable fin qui se frange légèrement d'une écume nacrée par les rayons d'une lumière placide. Des îles-miniatures émergent gracieusement à la surface du lac, parées d'une luxuriante végétation d'arbustes et aussi séduisantes à l'œil émerveillé que, dans le Lac-Majeur, le sont l'Isola-Bella et les îles Borromées. Les assèchements du pourtour de l'étang sont ouatés d'un tapis de gazon aussi tendre que le vert des rizières naissantes, et ce gazon printanier se veloute encore de l'édredon soyeux des mousses les plus douillettes ; le niveau des grandes eaux est indiqué par une riche ceinture de vigoureux mûriers dont les branches entrecroisées s'enlacent pour tresser la somptueuse couronne du lac, et immédiatement au-dessus, pour bien trancher les limites de cette énorme masse d'eau (qui s'étendant sur une lieue de longueur et un mille de largeur, atteint, pendant les pluies torrentielles de l'hivernage, une hauteur de quatre-vingt-six pieds), tous les versants du talus intérieur, pour faire contraste avec la nuance tendre de la verdure fluviatile temporairement submergée par les eaux, sont tapissés d'une verdure rigide et tropicale aux tons foncés et aux reflets lustrés ; d'une verdure lamée des feuilles lancéolées des *glayeuls-sabres* qui, symétriquement superposées tout le long de l'escarpement en sorte d'écailles végétales, simulent avec un chatoiement métallique, une splendide cuirasse, cotte-de-maille élégante qui habille la lave des remparts de l'enceinte. Pour dernier coup de pinceau à ce tableau enchanteur, ajoutez le lacis emmêlé de six cascades échevelées qui, à la tête de l'étang, se précipitent de la hauteur de trois cents toises et décrivent, dans leurs trajets aériens, d'éblouissants lozanges d'argent brillantés d'une rosée étincelante comme de la poussière de diamant et irisée des plus riches couleurs de l'arc-en-ciel. Puis, au sommet de ces six cascades, un piton triangulaire, digne fronton de ce palais de la nature et dont de temps en temps la tête ondoyante des palmistes qui s'y balancent se voile d'une draperie de nuages grisâtres d'où alors, semblent sourdre inopinément, comme des glaciers de l'Aveyron, les cataractes auxquelles l'atmosphère vaporeuse du brouillard ajoute un charme de plus !

Voilà le panorama que déploie l'*Étang de Saint-Benoît* plus pittoresque que le lac Pavin si vanté en France. La nature semble y avoir réuni en bloc les beautés alpestres ailleurs si éparpillées... L'Étang de Saint-Benoît, c'est le Lac-Majeur avec la cascade de Gavarnie, et nul voyageur qui le visitera n'aura à regretter les pas qu'il aura faits pour aller l'admirer.

LE BRULÉ DE SAINT-DENIS

~~~~~~~~~~~~~

O fortunatos nimium sua si bona norint.

Heureux les habitants de Saint-Denis s'ils connaissaient les trésors que recèle, aux portes de leur ville, la fraîche oasis si improprement appelée le *Brûlé!* Ils ont, à une heure de distance, et par un chemin praticable aux chevaux, une zone printanière, un air balsamique imprégné de l'arôme de ces plantes alpestres dont les fleurs fournissent le délicieux miel vert ; des eaux limpides frappées à la glace ; des sites grandioses ornés de la plus riante verdure. Eux, étiolés citadins d'une ville torride, ils ont, à une heure de distance, la vie avec toutes ses énergies, ses larges allures et ses animations, la santé robuste et vivace avec ses bonheurs multiples de tous les instants ; ils ont, enfin, les plus riantes perspectives qui puissent sourire aux yeux enchantés.

Le Brûlé !... C'est à deux pas de notre capitale, la Suisse en Afrique; la Suisse avec son manteau diapré de fleurs éclatantes, avec ses cascatelles d'un blanc de lait dont le lacis argenté chatoie en glissant sur le velours d'une mousse aux nuances d'émeraude ; la Suisse, avec ses pittoresques châlets abrités sous la paroi gigantesque de quelqu'énorme rocher; la Suisse avec ses cultures inattendues, qui, des épais fourrés d'une nature sauvage, surgissent ravissantes d'imprévu et de contrastes. Voilà le trésor que vous ignorez, habitants de Saint-Denis ! et pourtant il est près de vous, à vous et pour vous ; la Providence l'a mis tout exprès à votre portée. Malheureusement ce joyau est enchâssé dans du plomb ; cette séduisante oasis est masqué par la pente aride qui lui sert de repoussoir. Mais gravissez cette pente, franchissez le désert qui précède la terre promise, et vous serez amplement dédommagés, car d'un bond, vous passerez du Sénégal au Languedoc, de l'Afrique à l'Europe, et vous devrez à votre excursion au Brûlé une curieuse exploration, une promenade enchanteresse, une journée de vigueur montaguarde, et de septentrional appétit ; un ressouvenir de la France, en foulant sous vos pas les fougères, les fraisiers et les bruyères de la terre natale; vous devrez à cette ascension extra-tropicale, peut-être dix ans d'une vie prolongée, si le Brûlé, à la première vue, vous a assez plu pour vous décider à y asseoir vos pénates temporaires, pendant la saison morbide des chaleurs qui déciment, par les gastrites et les typhoïdes, la population du littoral de notre île.

LE VOLCAN

‾‾‾‾‾‾‾

...... A mesure que nous avancions vers le cratère, toute verdure disparaissait; une nature désolée attristait partout le regard dans le désert de lave noire qui lui sert d'enceinte. Pour pénétrer dans cette masse de scories, nous attachâmes des enveloppes de *goni* à nos pieds, qu'aucune autre chaussure n'aurait pu garantir du tranchant des congellations que l'air avait figées sous la forme qu'elles affectaient en coulant. Elles présentaient les figures les plus bizarres : des pyramides, des arceaux de voûtes, des cordages repliés sur eux-mêmes. Mille vitrifications auxquelles le soufre avait donné le brillant de l'or, étincelaient sur un sol de bronze, et donnaient un aspect métallique à cette région ignée où pas une goutte d'eau ne filtrait à travers les pierres calcinées et poreuses.

Nous avions bien choisi le moment de notre visite au volcan. Il brûlait depuis trois mois. Une épaisse colonne de fumée nous guida pendant tout le jour, comme la colonne de nuées de Moïse, à travers un désert plus aride que celui où languirent les Israélites; mais ce fut, quand la nuit vint étendre ses sombres voiles sur les rocs noircis qui nous environnaient, que le spectacle le plus terrible et le plus imposant nous tint éveillés à une heure où les habitants des bords de la mer goûtaient sous nos pieds un repos tranquille.

Avant le crépuscule, nous avions campé, aussi près que possible de la bouche ignivome, sur l'éminence qui domine la vallée profonde au milieu de laquelle serpente le fleuve de lave qui se traîne lourdement à la mer. De cet observatoire, nos yeux pouvaient suivre les méandres de ce torrent de bitume qui, à notre arrivée, n'indiquait sa présence que par un amas de matières noirâtres et fumeuses. Mais quand l'obscurité envahit les lieux adjacents, nous vîmes la fumée que l'immense fournaise souterraine chassait avec violence dans les airs, se changer en une gerbe étincelante au milieu de laquelle resplendissait une flamme d'une hauteur prodigieuse, qui, à des intervalles inégaux, déployait son immense langue de feu ou la retirait brusquement dans le gouffre d'où elle ressortait plus éclatante. Ce vaste incendie se réfléchissait sur un gros nuage noir que le piton du volcan semblait attirer à lui pour l'imprégner des feux qu'il puisait dans les entrailles de la terre. Une lueur cuivrée colorait les mornes environnants, des ruisseaux de la lave ardente dégorgés par le cratère coulaient pesamment, et une rivière de feu d'un demi mille de largeur promenait silencieusement ses flots brûlants dans le ravin illuminé qui les épanchait à la mer où ils se changeaient en un promontoire de rochers.

A l'embouchure du fleuve embrasé, une lutte formidable s'établissait entre les deux éléments opposés... Au contact antipathique de l'onde frémissante, la lave spontanément solidifiée éclatait parfois en épouvantables détonations. Lorsque la lame victorieuse parvenait à la couvrir, elle prenait sous l'eau la teinte azurée du bleu le plus foncé, mais au retrait de la vague refoulée, elle ravivait sa lueur rouge et incandescente. Quelquefois le déluge de feu envahissait des fragments de vieille lave qui disparaissaient dans le cours léthargique de ce phlégéthon dont l'atmosphère embrasée envoyait des bouffées ardentes jusqu'au lieu où nous étions.

Nous passâmes la nuit entière à contempler l'éclat de cet embrasement gigantesque alimenté par les infiltrations de l'Océan, et dès que l'aurore vint faire pâlir l'illumination nocturne qu'avait reflétée le Grand-Brûlé, nous reprîmes notre chemin à travers les déserts de pierres-ponces... Ce fut avec joie que nous jetâmes nos sandales de goni sur la mousse fraîche de la Plaine des Cafres.

L'OURAGAN DE 1829

Un lourd calme pesait sur l'île entière. Le silence de l'appréhension avait paralysé tous les êtres. Les oiseaux se taisaient, la feuille
du bambou ne tremblait pas sur sa tige ; le seul bruit qui interrompît
la léthargie de la nature était le roulement rare d'un tonnerre sourd qui
déchirait une grosse nue cuivrée, stationnaire autour des Salazes
qu'elle enveloppait d'un manteau saffrané. Des houles d'une longueur
effrayante sillonnaient l'océan au large et s'avançaient d'une manière
menaçante vers le rivage qu'elles battirent bientôt avec fracas. Elles
déferlaient en roulant leurs immenses volutes d'eau couronnées d'une
crinière d'écume. Elles se déployaient sur la grève en entraînant des
myriades de galets qu'elles entrechoquaient avec un bruit assourdis-
sant.

Les flots s'élevèrent à la hauteur des manguiers de la côte et les
navires du Bois-rouge, hors d'état de garder le mouillage, appareil-
lèrent tristement.

Nous les vîmes lever leur ancre et s'éloigner du rivage. Le vent ne
soufflait pas encore et cependant la mer était si grosse que les plus
grands trois-mâts disparaissaient entre deux lames, et le moment
d'après, se trouvaient sur la crête d'une montagne d'eau qui nous
faisait craindre de les voir vomis bien avant dans les terres... Tout-à-
coup, en jetant les yeux du côté du Champ-Borne, nous distin-
guâmes un tourbillon qui tordait et déracinait les filaos qui bordaient
le littoral. Une atmosphère brumeuse les déroba en un clin-d'œil à
notre vue. Un bruit épouvantable qui semblait ébranler le sol, retentit
avec les éclats de la foudre, et des milliers d'oiseaux de mer rasèrent
précipitamment nos têtes et se jetèrent éperdus dans les joncs de
l'embouchure. Voilà l'ouragan, nous écriâmes-nous, et nous cher

châmes un abri sous la varangue pour contempler la lutte convulsive des éléments. Un déluge d'une pluie salée inonda l'Ile surchargée des vapeurs qui s'amoncelaient sur les mornes. Des raffales furieuses arrachaient les feuilles dispersées dans les airs et ébranlaient les arbres qui tombaient déracinés, ou se brisaient autour de nous. De noires ténèbres ensevelirent la nature agonisante, tous les objets disparurent à nos yeux et nous allâmes chercher un refuge dans l'intérieur de la grand'case. Au coucher du soleil, l'ouragan redoubla de violence et le tonnerre continu qui faisait trembler les monts secondait sa fureur. Quelle nuit nous passâmes ! A chaque instant, des secousses réitérées soulevaient la maison, les poutres craquaient, des branches énormes tombèrent sur le toit et l'enfoncèrent.

Nous croyions que cette nuit serait pour nous la dernière, mais l'excès même de l'ouragan en abrégea la durée. Depuis minuit, il alla en diminuant et, au point du jour, tout était rentré dans le calme. Hélas ! ce calme était celui de l'anéantissement. Le retour de la lumière nous présenta le coup-d'œil le plus lamentable. Telle dut paraître la terre lorsque Noé la contempla bouleversée par les ondes vengeresses du déluge. La rivière roulant des eaux bourbeuses formait un lac immense, sur la surface duquel flottaient pêle-mêle les débris des cases, les troncs d'arbres, les touffes de bananiers, les cadavres des animaux. Dans une triste nudité, tous les végétaux étaient dépouillés de leurs feuilles qui, souillées de boue, jonchaient la terre ; la verdure des savanes avait été roussie par le souffle empesté de l'ouragan, et le riant quartier de Sainte-Suzanne, dans l'espace d'une nuit, était devenu un pays dévasté.

LE PITON DES NEIGES

On a critiqué l'étrangeté de nos expressions dans les descriptions que nous avons faites l'année dernière ; on trouvait que notre style était trop brillanté et qu'il visait à l'effet. A cela nous répondrons que quand les objets à décrire sont insolites, le style s'en ressent nécessairement puisqu'il faut dépeindre des sensations et des localités tout-à-fait inconnues à la vie ordinaire, d'où l'obligation de hasarder des mots même bizarres, sous peine de laisser inaperçu ce qu'on tient à faire comprendre. En tout cas, quand on fait abnégation de ses aises, quand on se voue aux privations et aux périls, quand on va jusqu'à exposer sa vie pour ajouter une page à l'histoire de notre île et pour offrir un aliment à la curiosité des lecteurs, dont la masse « *demande du nouveau, n'en fût-il plus au monde,* » on a droit, ce nous semble, sinon à une bienveillance marquée, au moins à quelque indulgence.

Cela dit, racontons :

Nous partîmes le 8 septembre de Saint-Denis, pour entreprendre l'ascension passablement hardie, rudement scabreuse et notoirement périlleuse du Piton des Neiges. Nous formions une caravane de douze personnes, les guides et les noirs y compris. Pour commencer notre voyage sous d'heureux auspices, nous nous rendîmes d'abord à Salazie chez notre ami Auriol, et, dans son hospitalier châlet, nous trouvâmes la réception la plus cordiale. Au reste, ce châlet a l'aspect aussi montagnard que possible. C'est un excellent prospectus du voyage des Salazes. On y gravit abruptement par une échelle perpendiculaire, absolument semblable à celle du village de Louëche en Suisse, et au bout de l'échelle il faut se hisser, à grand renfort de poignets, le long d'un cable d'affouche, pour arriver jusqu'au plateau ; mais on monterait au troisième ciel pour y trouver aussi bon visage d'hôte, aussi amicale bienvenue, aussi confortable chère que nous en avons rencontré chez le brave Auriol. Nous y avons fait un repas exquis, assaisonné de ses joviales saillies et de sa communicative gaîté. Il nous racontait, entre le café et le *coup de sec* (tonique de rigueur quand on s'aventure dans la région des Ambavilles), les beaux dires d'un nommé *Bénoni* qui a trouvé moyen d'appliquer aux mots de la langue française des accep- tions qui feraient reculer les plus effrénés fanatiques de néologisme. Voici, pour échantillon, une phrase du néologue en question : « com- « ment sont vos haricots, père Bénoni ? — ma foi mon *pays*, l'année « dernière ils venaient *machinalement* parce que je les avais plantés « dans un terrain *capeux*, mais cette année, quoique la pluie *ait tombé* « sans *arrête*, ils poussent bien parce que je les ai semés dans une « *platitude*, et je finirai en les soignant, même *verbalement*, par avoir « une récolte à *l'amiable* ». Qu'en dites-vous lecteur ? c'en est assez, je pense, pour vous donner une idée des licences de langage de Bénoni.

Samedi, 9 septembre. — Nous sommes entrés dans le lit de la rivière du Mât pour ne la quitter qu'à sa source. Nous avons traversé n large évasement qu'on nomme la *Savanne*, et au bout nous avons rencontré avec surprise deux murailles d'un seul bloc, double paroi gigantesque par où s'engouffrent les eaux tourmentées de la rivière, en bouillonnant avec fracas. Nous nous sommes enfoncés dans cette sombre gorge, et à mesure que nous avancions, les deux remparts de l'encaissement se resserraient sur nos têtes et surplombaient souvent. Ce lieu était sombre comme l'entrée de l'Erèbe. *Patet atri janua Ditis.* La brise comprimée par cet entonnoir et heurtée aux aspérités angu- leuses du rocher, murmurait un son rauque dans cette solitude de pierre. Il nous a fallu trois longues heures pour traverser l'interminable défilé dans lequel nos pas étaient de temps en temps arrêtés par les épouvan- tables éboulis que les avalaisons de 1844 et 1847 ont faits dans tout le district de Salazie. On riait en 1835 de l'hyperbole du membre de la Chambre des députés qui avait dit : « Gardez-vous d'envoyer les détenus politiques à Salazie où la rivière du Mât entraîne dans ses débordements des *quartiers de Collines* » hé bien ! ce député prophétisait. Depuis sa sinistre prédiction, la Rivière du Mât a causé d'immenses, d'incroyables dégâts ; et aujourd'hui, l'expression *quartiers de Collines* devient litté- ralement exacte.

Enfin, en dépit des obstacles, après avoir fait six lieues de chemin, nous sommes venus coucher au *Grand Sable*, à la naissance des

Trois Bras qui sont les véritables sources de la Rivière du Mât. Là, une découvenue nous attendait. On a bien raison de dire : « Comme on fait son lit on se couche. » Nous comptions sur un lit tout fait, c'est-à-dire sur un ajoupa que les chasseurs avaient construit quelques mois auparavant. Nous arrivons donc à la tombée de la nuit, harassés de fatigue, le corps moulu, les reins brisés, les pieds endoloris ; notre dîner était à l'état de riz cru et de poisson sec dans nos havre-sacs..... Nous arrivons et nous trouvons un *camp* dont la toiture était criblée comme une écumoire et à travers laquelle nous aurions pu compter les étoiles si la brume n'avait été aussi épaisse que les brouillards de la Hollande. A peine nos provisions étaient-elles soi-disant abritées dans l'ajoupa, que la pluie se mit à tomber par torrents. Pourtant il fallait manger, il fallait dormir. Quant au dîner, pour le cuire, nous fûmes réduits à allumer, sous un parapluie, un feu maussade qui nous aveugla de fumée et qui eut bien de la peine à faire bouilloter nonchalamment une marmite de riz à la graisse, détestable *soso* que nous mangeâmes, à même la marmite, comme les troupiers de la caserne, en plongeant tour à tour notre cuillère dans le nauséabond potage ; quant au coucher, nous étendîmes sur la terre humide nos corps ruisselants d'eau, en les recouvrant de nos couvertures mouillées et nous nous plongeâmes dans ce bain certes froid, car le thermomètre marque 9 degrés et nous sommes à 1,200 mètres d'élévation. Pourtant, on le croira si l'on veut, malgré cette enveloppe aquatique, malgré les gouttes de pluie qui tombèrent sur nous toute la nuit, nous dormîmes et nous nous réveillâmes sans catarrhe, tant la température est salubre dans nos montagnes !

Dimanche 10 septembre. — Aujourd'hui, contraste. Les jours se suivent et ne se ressemblent pas. Au point du jour, radieux soleil qui teint du rose le plus tendre le colosse des Salazes au pied duquel nous sommes adossés. Nous voyons étinceler aux sommités des pics et au-dessus du *Cap-Blanc* un givre épais et la pluie de la veille transformée en verglas par la gelée de la nuit. Nous nous hâtons de lever le camp. Au moment du départ, l'aspect du gros morne qui se dresse menaçant sur nos têtes avec ses pièges et ses embûches, avec son énorme hauteur, ses abîmes profonds, ses inextricables aufractuosités, nous cause un saisissement solennel et une épouvante involontaire. Comment atteindre jusqu'au point culminant du Piton-des-Neiges hérissé de tant de difficultés ?... Néanmoins, il ne sera pas dit que nous aurons fait dix-huit lieues pour reculer. Nous passons le Rubicon, c'est-à-dire la source de la rivière du Mât ; et nous voilà gravissant le massif des Salazes, rude tâche et périlleux voyage, pour le sûr. La gaîté folle a disparu. Les bouches sont muettes, les oreilles braquées, les fronts pensifs. Le

guide exerce sur sa caravane la dictature la plus absolue ; c'est le
Cavaignac de la journée. Il nous engage à monter de front, car si nous
montions à la file, une roche détachée par celui qui serait en tête
écraserait tous ceux qui se trouvent au-dessous. Du reste, les leçons
de l'expérience sont les seules qui soient écoutées. A la première centaine de toises, des récalcitrants (il s'en trouve dans toute réunion
d'hommes) avaient voulu marcher à la mode accoutumée comme les
moutons de Panurge ; tout-à-coup un cri d'angoisse retentit : une roche,
détachée par le troisième de la queue, s'ébranle, fait trembler le sol,
bondit avec fracas et roule vers les deux derniers, qui, agiles comme
des écureuils, se jettent heureusement de côté et laissent passer l'homicide projectile. Depuis lors, personne n'a enfreint la consigne, sinon
un de nos porteurs de provisions, gros cafre joufflu, trapu et têtu,
nommé Ovide, qui nous fait rire malgré les excellentes raisons que
nous aurions de garder notre sérieux. Ce comique personnage, le *loustic*
de la troupe, est colère comme un âne rouge, et entêté comme un
breton de Lokmariaker ; toujours en querelle avec ses *co-porteurs*, il
les quitte avec un superbe dédain pour marcher à l'écart ; il a l'air de
dire : Je me *moque* de cela, je suis du Monomotapa, j'ai du riz dans ma
bretelle pour la semaine. Il est toujours à cent pas en avant des
autres. On lui crie d'attendre... point. Il va, il va toujours. Il souffle
comme un buffle, il sue comme l'intérieur du tambour d'un vapeur de
120 chevaux ; c'est égal, il va... Il nous trace la route par une avalanche
de gravois dont nous recevons la grêle ; c'est égal, il va... Monsieur
dans sa tour monte, si haut qu'il peut monter, jusqu'à ce qu'enfin un
escarpement à pic l'arrête tout court et le force d'attendre la corde (car
c'est en nous hissant les uns les autres à la corde que nous franchis-
sons les précipices tout-à-fait accores). Alors Ovide prend son temps
d'arrêt, et s'accroupissant comme un malin singe sur un quartier de
roc, sans déposer son paquet, il daigne condescendre à nous sourire
d'un air narquois en faisant une grimace à la façon de Quasimodo, de si
grotesque mémoire. Nous irons ce soir coucher à la ravine du Bachelier.

Nous venons de faire, dans le torrent du *Grand-Sable*, une découverte que nous croyons intéressante. Nous avons trouvé une source
d'eau pétrifiante qui offre les phénomènes les plus curieux. Nous y
avons vu des bois, des fougères et même du cresson pétrifié qui
ressemble à de l'angélique de Chateaubriand. Cette fontaine a des pro-
priétés aussi étonnantes que la fontaine de Saint-Alyre en Auvergne
ou que les grottes de Caumont en Normandie. Il faut que la pétrifica-
tion se fasse bien rapidement pour qu'elle puisse changer en pierre
une plante aussi prompte à se faner que le cresson. On pourrait, d'après
cela, pétrifier tous les fruits du pays et en envoyer en France une col-

lection. Des échantillons de pétrifications sont déposés à l'imprimerie, pour qu'on ne croie pas que nous inventons du merveilleux.

Nous voici au Bachelier (1,800 mètres). Nous y coucherons aussi mouillés qu'hier au soir, car la pluie commence et se prolonge. Mon Dieu ! donnez-nous assez de soleil demain pour nous sécher et nous réchauffer un peu, car nous grelottons. Nous avons à peine cinq degrés au-dessus de glace. Nous ne pouvons boire plus d'un demi-verre d'eau tant elle est gelive !

Il pleut à verse,.. trempés jusqu'aux os, nous coupons des fourches, nous ramassons des feuilles de fougères, car il faut s'abriter ou mourir. Après trois heures de travail, nous nous entassons dans notre ajoupa, et frissonnant de froid et d'humidité, nous y transportons du bois pour allumer un feu qui puisse avec la chaleur nous rendre la force et le courage. Quel homme précieux nous avons dans notre guide ! Ce jeune homme de Salazie, nommé Victor Malvoisin, d'une haute stature, d'une démarche assurée, est moulé en Hercule. Sa figure mâle est calme et résolue. C'est la force sûre d'elle-même. Il a osé faire pour nous ce que les autres guides se refusent à effectuer, escalader le Piton-des-Neiges par une brume si épaisse, qu'elle nous a fourvoyés pendant dix minutes; il a presque sauvé la vie à l'un de nous qui, au moment où, pieds nus, nous gravissions tous une roche lisse et glissante comme les *Laderas* des Cordillères, est tombé sur le ventre,.. A l'instant où il sombrait dans l'abîme, notre vaillant et robuste guide l'a saisi par un pied et l'a retenu sur le penchant du gouffre.

Victor Malvoisin est infatigable. Il pourvoit et suffit à tout; il fait plus de travail à lui seul que les cinq hommes qui sont sous ses ordres. Nous le recommandons à tous les voyageurs qui voudront faire l'ascension des Salazes par la *grande montée*, ascension bien plus curieuse, mais aussi bien plus périlleuse que celle de la *caverne Mussard*.

Lundi 11 septembre. — Nous partons par une pluie fine, mais avec des apparences de beau temps. Nous gravissons péniblement un escarpement presque perpendiculaire et, au bout de deux heures, nous arrivons au *Cap-au-Vent*. Jusque-là nous trouvions encore les arbres de Salazie, mais rabougris et chétifs. A l'esplanade du Cap-au-Vent, la zône végétale change tout-à-coup. Nous entrons dans le climat polaire de la plaine des Chicots. Nous retrouvons la frileuse et pâle végétation des régions arctiques, les longues mousses grisâtres, les lichens et les arbustes à feuilles cotonneuses. Nous grimpons encore pendant trois heures dans cette contrée hivernale où tout assombrit l'âme, et nous arrivons enfin à la *Roche-à-Vidot* (2,800 mètres). Cette caverne était le quartier général des grands marrons autrefois. Elle offre un aspect sai ·

sissant. C'est une vraie caverne de brigands, noire, fuligineuse, recélant de ténébreuses cavités, un coupe-gorge enfin, car bien des gorges y ont été coupées. Nous en prenons possession, et deux minutes après, elle présente le coup-d'œil d'un camp de Bohémiens. Entre deux énormes feux où cuit la pitance, chacun a déposé confusément son bagage. C'est un vrai *capharnaüm*. Au fond, les fusils sont adossés aux lignes de pêches suspendues le long d'un calumet. Les vêtements mouillés appendent à la voûte. Sur l'herbe sèche sont accroupies, dans diverses positions, douze personnes dont les visages européens, asiatiques et africains résument toutes les nuances de la peau humaine. Le costume est encore plus diversifié que les figures. Récusson est chaussé d'*espadrilles* de *gont* comme un basque des Pyrénées; Fleury a une veste serrée par un ceinturon de buffeterie et un feutre blanc large comme un *sombrero* espagnol; Jules Couturier a une casquette de collégien et un ample paletot de propriétaire, et moi je suis affublé d'une vareuse de laine bleue, comme un pêcheur de Terre-Neuve. Quand notre feu reflète le soir sa lueur cuivrée sur les rochers noirs de suie de la caverne et sur les visages bariolés de nos cafres, nous avons l'air de brigands de la Calabre et nous fournirions un sujet de tableau aux pinceaux de *Salvator Rosa*.

J'ai dit que la *Roche-à-Vidot* était jadis un lieu terrible et ensanglanté; voici les légendes locales qui s'y rattachent :

Du temps que les grands marrons infestaient l'île (il y a de cela un siècle et plus), ils formaient sur les Salazes des peuplades qui obéissaient à différents chefs. L'un d'eux, le redouté *Maham*, avait sous ses ordres cinquante hommes. Un chef voisin, qui en comptait autant, vint lui proposer de réunir les deux bandes sur lesquelles ils règneraient conjointement. L'alliance fut conclue, mais la férocité de Maham l'avait rendu odieux à ses sujets. Quelques jours auparavant, ayant à se plaindre de la désobéissance d'un malgache et de sa femme, il les avait liés sur un bûcher, transpercés à coups de sagaïes et brûlés ensuite dans la caverne qui leur servait de repaire. Le nouveau chef gagna donc bientôt toutes les sympathies et Maham s'aperçut trop tard qu'au lieu d'un collègue il venait de se donner un maître. Il voulut se défaire à temps de celui qui allait le supplanter. Un matin, il rassemble ses cent marrons, leur ordonne de cerner toutes les issues de la caverne, puis s'élançant, la hache à la main, sur son rival : « Nos gens ne veulent plus qu'un chef, lui cria-t-il avec rage, hé bien ! ils n'en auront plus qu'un, celui qui survivra, car l'un de nous deux doit mourir ici. » Le rival de Maham, aussi résolu que lui, accepte vaillamment ce duel à mort. Les deux champions se battent avec fureur pendant le tiers d'une journée. Enfin le nouveau chef donne des signes d'affaiblissement; ses coups se ralentissent, sa respiration halète, il va succomber... Au moment où l'implacable Maham, bondissant comme un chakal, allait lui porter un coup mortel, une voix saccadée par la terreur, s'écrie : Maham!!! le détachement derrière toi ! toutes les voix répètent : Maham, tourne la tête, un fusil te couche en joue ! Maham se détourne et soudain son rival (grâce à cette ruse de guerre imaginée par les marrons pour perdre le vieux chef), le traverse de sa sagaïe et l'étend mort à ses pieds. Telle fut l'issue, dans la *Roche-à-Vidot*, d'un combat à mort qui rappelle celui de <u>Franck Osbaldiston</u> et de Balfour de Burley dans les *Puritains d'Écosse*, tant les passions se ressemblent partout !

On rendit à Maham mort les honneurs qu'on ne voulait pas lui concéder pendant sa vie. *Sit divus dùm non vivus*. On inhuma son corps dans une vaste grotte avec les cérémonies religieuses usitées dans l'Afrique pour les funérailles des grands ; on plaça sur une roche, à l'entrée de la caverne, la coupe du chef, en guise de cippe funéraire, et depuis lors, les marrons firent de cette catacombe le sépulcre de tous leurs compagnons. Dans l'enfoncement le plus reculé, on voit une ossuaire et une pyramide de crânes desséchés. Ce lieu reçut le nom de cimetière des marrons.

Puisque nous en sommes au chapitre des marrons, disons en passant que c'étaient des hommes intrépides que les chefs de détachement qui leur faisaient une guerre acharnée. Parmi eux était célèbre surtout le fameux Mussard qui a donné son nom à la caverne où nous irons gîter demain. Il apprit un jour que cent marrons qui y campaient, semaient la désolation et l'épouvante dans le quartier Saint-André. Sans s'effrayer du grand nombre de ses adversaires, il prit avec lui quinze hommes résolus, et s'approchant furtivement sans permettre à ses compagnons de parler en route, ni de fumer, il parvint à investir la caverne sans qu'on se fût douté de son approche. Il vit à l'entrée de la caverne un marron armé de sa sagaïe. Il fit signe à ses gens de rester tapis dans les brousses, puis il dit au marron : « Jette ta sagaïe et rends-toi. » — Jette ton fusil, répliqua fièrement le marron qui, le voyant seul, s'élança sur lui. Mussard l'étendit mort d'un coup de feu. Ce fut le signal du massacre. Les marrons sortirent tumultueusement pour hacher en pièces Mussard avant qu'il eût eu le temps de recharger son arme. Mais ils furent mitraillés par la décharge des 15 hommes et la lutte s'engagea furieuse : 50 marrons furent tués, 50 furent garrottés et la caverne qui avait servi de théâtre au carnage prit le nom du hardi Mussard.

Mardi 12 septembre. — Le temps, pour la première fois, est magnifique ce matin. De la roche à Vidot, notre œil embrasse tout le cirque de Salazie, le Cimandef, le piton d'Anchiag, la plaine des Chicots et celle des Fougères. Malgré le froid âpre qui engourdit nos mains et gerce nos lèvres, nous montons avec ardeur le dernier étage des Salazes qui nous sépare du Piton des Neiges. Bientôt nous apercevons deux cabris qui se promènent dans des escarpements et leurs bêlements parviennent jusqu'à nous. La pente, déjà très raide, devient presque verticale et de plus en plus périlleuse à gravir, car les points d'appui nous manquent. Les Salazes à la hauteur où nous nous trouvons n'ont que quelques végétaux clairsemés et qui ne croissent que là : des Rhododendrons à fleurs roses, deux espèces de Cytise dont l'une a le feuillage du genêt d'Espagne, des Chrysanthèmes arborescents, des bruyères naines de Bretagne, des mousses barbues, de la prêle et une charmante fleur d'un blanc de lait, à cinq pétales, d'une odeur aussi suave que celle de l'aubépine. C'est le seul parfum que nous ayons respiré dans ce rude climat.

Nos chasseurs se mettent à la poursuite d'une chèvre et de ses deux petits, mais elle se cache derrière un cap et nous nous remettons à grimper. Hélas! plus d'ambavilles, plus d'arbustes... Nous atteignons *l'acore du grand plumé*, épouvantable rainure de sept cents toises qui plonge du sommet des Salazes au talus où nous sommes. Nous voilà accolés à une immense muraille grise où les doigts crispés n'ont à saisir que les rugosités du roc et des touffes rares de gazon. Pour augmenter notre anxiété, une brume épaisse vient nous envelopper... Ce linceul de nuées enroulé sur douze personnes cramponnées côte à côte à la redoutable escalade, produit sur nous une indéfinissable sensation. Cet instant comptera parmi les plus solennels de notre existence. Nous nous voyons les uns les autres dans la plus effrayante position, suspendus en l'air, ayant 1,200 toises sous les pieds, 500 sur la tête, abîme dessous, abîme dessus, submergés dans un océan de vapeurs qui nous dérobe même la vue du ciel et des objets adjacents ; aussi perdus dans le vide que l'aéronaute dans son ballon, ne tenant à la terre et à la vie que par une poignée d'herbes ou par une aspérité de rocaille qui quelquefois fuit sous notre main pour tomber avec une terrifiante sonorité dans les précipices ombreux d'où nous venons d'émerger. Nous continuons cependant à monter, mais nous sommes perplexes, le cœur nous bat... Nous nous tendons silencieusement une main secourable... Nous sommes si convaincus qu'un instant de vertige, un seul pas mal assuré nous jetterait broyés dans le gouffre! Cette épreuve dure trois mortelles heures. Alors et seulement alors, nous surgissons au Piton des Neiges dont le dôme écrasé présente une déclivité accessible. Oh! de quel poids nous sommes allégés, de quel aise nous tressaillons en posant nos pieds fatigués sur cette cime culminante, le but si persévéramment poursuivi depuis quatre jours!

L'aspect étrange du Piton des Neiges nous plonge dans la stupeur! C'est le chaos le plus discordant que le bouleversement de la nature puisse présenter à l'œil. Rien de plus âpre, de plus aigu, de plus excorié

que ce pic dominateur, rongé par l'inclémence des ouragans et le cata-
clysme des pluies torrentielles qui labourent ses flancs dénudés. Il est
hérissé d'aiguilles tranchantes. C'est un amas de scories sulfureuses
et de machefer violâtre. Là tout est morne et inerte. Pas un insecte,
pas un brin d'herbe. Rien qu'un entassement de rochers difformes
enveloppé d'un suaire de brume opaque. C'est l'aridité du désert drapée
de deuil. Une nostalgie sombre y saisit le cœur. Pour nous, cherchant
à nous soustraire à cette pénible impression, nous avons arboré un
pavillon sur le tertre Schneider, point culminant de l'osseux squelette
de notre Ile; nous l'avons salué de 21 coups de fusil, tirés alternative-
ment l'un vers la partie du vent, l'autre vers la partie sous le vent, car
nous étions debout précisément sur l'arête de jonction où les deux
courants d'air opposés venaient s'entrechoquer...

La brume s'épaissit. La prudence nous recommande de redescendre
au plus vite pour aller chercher un abri à la *Caverne de Mussard*. Dans
le chemin, le guide nous fait le récit du coup de vent qu'il essuya en 1848
à la roche à Vidot. Ce récit m'a paru si intéressant, il montre tellement
quel trésor de sang-froid, de dévouement et de courage peut renfermer
le cœur d'un jeune homme de vingt et un ans, que je le raconterai dans
sa naïve simplicité :

« Nous étions partis de Terre-plate, Fragère, ses deux fils encore
enfants, et moi. C'était au mois de mars, saison dangereuse. La chaleur
était étouffante, le temps lourd et le ciel chargé. Nous allâmes camper
au *Grand-Sable*. Le lendemain, en nous levant, nous vîmes des nuages
cuivrés qui enveloppaient le Piton des Neiges. Retournons, dis-je à
Fragère, le temps menace. — Bah! répliqua-t-il, nous sommes en
route, continuons, et ainsi fut fait. A peine commencions-nous à gravir
le premier étage du massif, que la pluie se mit à tomber et à gonfler les
ravines. Nous passâmes la première ayant de l'eau à la ceinture ; nous
traversâmes la seconde en ayant jusqu'aux épaules. Auguste Fragère
le plus jeune des enfants, perdit pied, je le saisis par les cheveux au
moment où il dérivait. Ce fut au tour du père de me dire : retournons
en arrière, et rallions le camp du *Grand-Sable*. — Il n'est plus temps,
lui dis-je, nous ne pourrions plus descendre, il faut monter à la roche à
Vidot, ou nous sommes perdus. Sortons vite de l'éboulis, autrement
les roches (elles commençaient à crouler autour de nous) nous
écraseront.

« J'avais d'ailleurs le pressentiment que l'avalaison submergerait
notre campement du *Grand-Sable*, on verra si j'avais tort. Nous montons donc inondés de pluie, transis de froid, menacés par les roches
qui à droite et à gauche descendaient en cascades le long de l'escarpement. Enfin, exténués de fatigue et affaiblis par la faim, nous nous

traînons après dix heures de marche jusqu'à la *roche-à-Vidot*. Il était
presque nuit. Je me dépêche de mettre du riz au feu, d'amasser la provision de bois pour la nuit et je bouche avec une *saisie* un des coins
de l'entrée de la caverne, pour amortir la violence du vent, car j'atten-
dais la tempête. Tout était trempé sur moi excepté un lambeau de linge
que j'avais par précaution caché dans mon tandiff.(Petit sac de peau.)
A peine la marmite commençait à bouillir, que la première raffale souffla
avec furie, emportant la saisie, renversant la marmite et éteignant le
feu. Nous restâmes à jeun, plongés dans l'obscurité, et la pluie qui
fouettait du Nord inondait notre gîte. J'entrevis alors toute l'horreur de
notre situation, je plaçai Fragère et Baptiste son fils aîné au fond le
plus reculé de la grotte, je pris avec moi le plus jeune, et pour lui conserver ainsi qu'à moi un reste de chaleur, je plaçai sur nous deux ma
couverture, et je m'assis sur une large roche plate élevée de trois pieds
au-dessus du sol de la caverne. Le temps empirait. De flamboyants
éclairs déchiraient la nuée. Les détonations de la foudre les suivaient
redoublées par les échos de toutes les montagnes environnantes. A
chaque coup de tonnerre, d'énormes pans de roches ébranlés par la
commotion se détachaient des Salazes et tombaient avec un fracas qui
dominait le tumulte des vents et le grondement de là foudre. Nous étions
assourdis, et l'épouvante nous gagnait. Tout-à-coup, vers minuit,
j'entends Fragère pousser un cri de détresse; je laisse Auguste enveloppé de la couverture, et je vole au secours du père. Je le trouve dans
l'eau jusqu'au cou. Un torrent impétueux venait de sourdre au fond de
la caverne dont il avait cavé le sol à la profondeur de quatre pieds.
Le malheureux, glacé par l'eau toujours si froide à cette hauteur,
(2,800 mètres), quand il sentit ma main dans la sienne, me dit d'une
voix éteinte : « je vais mourir ; je te recommande mes enfants, ramène-
« les à ma pauvre femme que je ne reverrai plus. » Les mots s'échap-
paient presqu'inarticulés de sa bouche défaillante. Il ne pouvait plus
mouvoir ses membres engourdis. Je le pris à bras-le-corps et je le
portai sur une espèce de lit de camp taillé naturellement dans le roc au
niveau le plus élevé de la grotte ; je plaçai près de lui son fils Baptiste,
et je m'efforçai de le tranquiliser quand un autre cri me rappela près
d'Auguste. L'ouragan venait d'enlever la couverture, notre dernier
abri. Le pauvre petit grelottait. Je me serrai près de lui, puis je le
plaçai dans une espèce de niche pratiquée à la hauteur de ma tête pour
ramasser les provisions. Il y était à peine blotti qu'un second torrent
effondra l'endroit où j'étais et vint me plonger jusqu'aux genoux dans
l'eau. La bourrasque allait en augmentant. Les ténèbres de la nuit que
la brume épaisse obscurcissait encore, le rugissement de la tempête,
les bondissements des rocs dans les gouffres au-dessus desquels j'étais
suspendu, tout cela me mettait la mort dans l'âme. J'étais à bout de

forces et presque de courage. Quelle nuit ! grand Dieu... et je restai dans ce supplice depuis minuit jusqu'à sept heures du matin, car ce ne fut qu'à cette heure que la clarté du jour pût percer le banc des brumes entassées autour de nous.

« Mon premier soin fut de regarder autour de moi. Je n'entendais aucun bruit humain dans la caverne. Je portai la main sur Auguste. Son corps avait conservé de la chaleur. Mieux abrité que nous dans l'espèce d'armoire où je l'avais niché, il avait encore de la force. Je le laissai pour aller à son père et à son frère. Je voulus me soulever. O désespoir ! Je ne le pouvais plus. Une de mes jambes qui était restée plongée dans l'eau courante depuis plusieurs heures, tandis que l'autre était repliée sous moi, s'était paralysée. C'était pour moi l'angoisse la plus navrante que cette fatale découverte. Voir à deux pas de moi deux hommes mourants, l'un des deux mort déjà peut-être, et ne pouvoir aller à eux, et être condamné à mourir moi-même perclus e t désespéré, si je ne parvenais à m'arracher du lieu où la paralysie me clouait. Un frisson plus glacial que ceux qui faisaient trembler mon pauvre corps mouillé, me figea le sang. Mais un instant après, l'horreur de la destruction que je voyais s'approcher dans toute sa laideur retrempa mon énergie. « Non, je ne laisserai pas mes os dans cette caverne où la « terre même manquerait pour les recouvrir, m'écriai-je ; j'irai jusqu'à « mes compagnons de souffrance sur les mains, puisque mes pieds s'y « refusent, dussé-je mordre les aspérités du roc avec les dents ! » et je rampai sur le ventre à l'aide de mes poignets gonflés par le froid. J'arrivai péniblement jusqu'à Fragère. Il était raide comme un bois, froid comme la glace Je l'appelai. Point de réponse. Je le secouai aussi rudement que le pouvaient mes mains affaiblies. Il souleva languissamment ses paupières, me regarda tristement et hocha la tête pour me dire : c'est fini. Et il referma les yeux. Je me traînai alors auprès de son fils Baptiste. Le malheureux enfant dans l'eau jusqu'au cou était plus perclus que moi. Aucun de ses membres ne bougeait. Il remuait les lèvres pour essayer de parler et ne pouvait articuler un mot. Seulement ses yeux me suppliaient et semblaient me dire : « ne m'abandonne pas. » Je devenais fou de désespoir, ma tête s'en allait. Oh ! du feu, du feu ! mon Dieu, et nous serons tous sauvés, m'écriai-je en essayant de lever au Ciel mes bras alourdis. Dieu entendit le cri de mon cœur, car il vint à mon aide... et mon tandiff donc, exclamai-je, frappé d'un ressouvenir soudain. Si mon linge pouvait être resté sec ! Je le saisis comme un naufragé saisirait un brin de jonc pour s'accrocher à la vie. Je l'ouvris... oh ! comme mon cœur battait ! le linge était resté sec et la Providence avait veillé pendant la tourmente sur ses quatre pauvres créatures éprouvées. Je battis le briquet jusqu'à fatiguer mes bras. Je mis à enflammer une étincelle, combien de temps ? trois heures et demie.

Pendant ce temps, le vent était tombé. Enfin la fumée sortit du *tondre*. C'était la vie de quatre personnes que cette légère vapeur. J'allumai du feu. Je traînai autour de mon brasier Fragère et ses deux fils, je repêchai la marmite encore remplie de riz à moitié cuit, au fond du bassin que les eaux avaient creusé dans la caverne. Je me hâtai de préparer une nourriture qui devait nous rendre la force. Fragère et ses enfants, ranimés par la chaleur du feu, revenaient à la vie; la circulation du sang se rétablissait, leurs membres se dénouaient. Peu à peu ma jambe à moi aussi reprenait son élasticité. Oh! quel délicieux repas nous fîmes avec cette marmite de riz affadi par la pluie et détrempé d'eau bourbeuse! nous avions retrempé nos forces. Malgré la pluie qui tombait encore, nous nous empressâmes de descendre. Nous employâmes presque toute la journée à nous glisser le long du talus si abrupte des Salazes, traqués à chaque instant par les énormes roches qui se ruaient sur nos têtes. Enfin, vers cinq heures du soir, nous arrivâmes à notre campement du *Grand-Sable*. Nous le cherchâmes des yeux... plus rien!.. un vaste engravement de gros gravier mêlé de galets avait tout recouvert... notre ajoupa et une demi-lieue de forêt avaient disparu. Hé bien, dis-je à Fragère, mieux vaut encore être monté aux Salazes et avoir souffert tout ce que nous avons enduré que d'être redescendus ici pour y périr noyés et engloutis sous les sables. Fragère en convint et nous continuâmes notre route. Un quart d'heure après, en longeant un des côtés de la rivière du Mât nous entendîmes des voix humaines. « Nous ne sommes plus abandonnés, m'écriai-je et je me trouvai face à face avec six hommes dont un était mon frère: Ils portaient sur leurs épaules des pics et des pioches. Devinez pourquoi? pour nous enterrer, car ils ne doutaient plus de notre mort. Dès que le vent avait cessé, ils s'étaient élancés vers la montagne à la recherche de nos corps pour nous rendre au moins les devoirs de la sépulture sur les lieux, dans les cas où ils n'auraient pu nous transporter au village. Avec quelle cordialité nous leur serrâmes la main! avec quelle joie ils nous retrouvèrent vivants! leur caravane rebroussa chemin en triomphe. A une demi-lieue de là, au soleil couchant, nous aperçûmes de l'autre côté de la rivière la femme de Fragère au bord de l'eau. Elle s'était traînée jusque là en quête de son mari. Quand on lui cria qu'il vivait, qu'il était avec nous, elle lui tendit les mains avec une expression de tendresse impossible à dépeindre. Le paralysé de la veille, à cet appel du cœur, retrouva miraculeusement sa force. Il se précipita dans la rivière écumante, roula pendant cinq minutes à la dérive des ondes courroucées, et parvint enfin à l'autre bord où il se jeta dans les bras de sa femme qui déjà avait pleuré son trépas. Pour nous, nous allâmes plus bas chercher un gué, et continuant notre route à la clarté de la lune, nous arrivâmes enfin à minuit et demi au village de Salazie... »

En résumé, c'est une émotion ravissante et sublime que celle qui saisit l'explorateur de nos montagnes, quand après avoir escaladé les rocs altiers dont sa vue effleurait la hauteur, il sort d'une mer de vapeurs qui tourbillonnaient autour de lui dans l'espace et s'élance encore humide de leurs nébulosités et palpitant d'un effroi involontaire sur le Piton des Neiges. Alors il plane sur l'île entière, son œil embrasse un horizon incommensurable, une contrée est à ses pieds. Du sein des glaciers qui l'entourent, il plonge un regard étonné sur les précipices dont il essaie en frissonnant de sonder la profondeur. Ces immenses crevasses, vestiges effrayants d'une commotion qui a ébranlé jusque dans leurs fondements de si sourcilleux monts, font étinceler le long de leurs flancs les eaux de mille cascades qui bondissent dans le vide et se précipitent bruyamment dans le gouffre béant qui les absorbe. Mais en vain les échos répercutent la grande voix des cataractes ; leur murmure confus expire dans les solitudes au-dessus desquelles domine le majestueux Piton des Neiges. Sur les glaces qui forment sa couronne sommeille le calme du néant. L'homme s'y trouve isolé de la nature entière. Sous ses pieds ont fui les riches habitations, ont disparu les derniers efforts d'une végétation expirante, se sont évanouis même les bruissements du désert. Il est seul, ce nouvel Icare, suspendu entre l'immensité des cieux et la vaste étendue de l'Océan dont il distingue à peine la teinte bleuâtre confondue avec l'azure céleste dans un lointain vaporeux. Aussi il se hâte de quitter le trône silencieux où son audace s'était assise ; il délaisse ces pics altiers que Dieu souleva dans les airs pour être l'admiration mais non l'habitation des hommes ; accablé de leur majesté il redescend, mais il conserve à jamais le souvenir de la scène grandiose qui a exalté son âme !

LE CHEMIN DE LA PLAINE

Notre Ile, se compose de deux vastes massifs de montagnes qui ont pour noyaux le gros Morne et le piton du Volcan. Ces deux massifs sont séparés aussi profondément que si, par un tremblement de terre, Bourbon avait été fendue en deux. La scission est indiquée par une gorge de dix-huit cents pieds de talus. Ce gigantesque sillon de cinquante kilomètres de parcours sert de communication entre les quartiers de Saint-Benoît et de Saint-Pierre, et permet de franchir, en un seul jour, par le chemin le plus curieux, la distance qui les sépare.

On serait bien trompé si, d'après la dénomination de chemin de la Plaine, on s'attendait à voyager en pays plat. La déception serait entière, attendu que pour arriver aux abords de la plaine ou soi-disant telle, il faut persévéramment gravir un versant de trois mille pieds dont l'ascension vous prend deux ou trois heures. Alors, et seulement alors, vous trouvez le premier plateau sur le travers de l'étang de Saint-Benoît. Rendu là, vous vous persuadez que vous respirerez à pleins poumons en glissant à pas accéléré sur une superficie horizontale, mais *va t'en voir s'ils viennent Jean !* et si *Jean* va voir ceux qui *viennent* il trouvera, comme nous, deux créoles des hauts, les pieds empaquetés d'espadrilles de goni, et s'il leur demande avec une figure de piteuse stupéfaction pourquoi leurs jambes sont ainsi caparaçonnées, ils lui répondront aussi sérieusement qu'à nous que de pareilles chaussures peuvent seules résister aux laves râpeuses du reste de la route ; et on ne tarde pas à se convaincre que même les souliers de Gremlich y perdent non seulement leur lustre, mais y laissent jusqu'à leur semelle.

Au reste, pour être véridique, il faut bien déclarer que le macadam de la Plaine n'est pas hérissé de prismes anguleux sans solution de continuité. Mais quand le roc vif disparaît, n'allez pas croire qu'on y gagne. Si la lave cesse de grincer sous vos pas, c'est que vous atteignez le fond des mille ravins qui traversent la route, et pour lors, les fondrières et les flasques d'eau s'y substituent si traîtreusement, que dans les endroits les plus perfides, on a essayé de consolider le terrain en jetant sur la vase des pilotis en rondins traversalement alignés. Quand on longe de pareils passages, dans cette immense avenue palissadée à droite et à gauche de hautes futaies et embarrassée de bruyères hyperboréennes, on se croirait en pleine Pologne, dans les marécages redoutables des forêts de Minsk et de Borodino où s'engouffrent hommes et chevaux.... Pour que l'illusion soit complète et qu'on puisse avoir son petit simulacre d'engloutissement, vos malencontreuses montures semblent prende plaisir à s'embourber jusqu'aux sangles. en faisant, pour se dégager, des efforts désespérés qui lancent leurs cavaliers par-dessus leurs têtes, comme il est arrivé à deux d'entre nous qui n'iront pas le dire à Rome, ni le raconter à Saint-Denis.

Mais s'il y a à médire de la nature à l'égard du chemin de la Plaine, il y a à louer et à admirer partout où l'industrie humaine a dompté les obstacles. Quand on approche de la *Plaine des Palmistes*, les merveilles réalisées à Sainte-Agathe (ainsi se nomme la colonie naissante) révèlent que M. Textor a passé par là, et il fera longtemps bénir ses bienfaisantes tentatives couronnées d'un entier succès. Le chemin, pendant une lieue, devient carrossable sans rien perdre de son pittoresque. Aussi ceux qui désormais iront à la Plaine pourront dire en toute vérité qu'ils préfèrent et de beaucoup au sentier de la *Nature* l'élégant et confortable chemin *Naturel*. Mais, hélas ! cette charmante halte de Sainte-Agathe, si gracieusement enjolivée et si bien cultivée que tous les produits exotiques y prospèrent, semble ne captiver un instant les yeux que pour mieux trancher un contraste. A peine l'a-t-on dépassée, qu'on se replonge dans un fouillis de rocailles et de broussailles où s'intercalent de sournois bourbiers ; et comme si l'hiver avait voulu se mettre de la partie pour rendre le paysage encore plus maussade, une âpre gelée qui a duré trois jours, du 18 au 21 septembre, a tout roussi et détruit le peu de verdure qui eût pu consoler les yeux du voyageur.

A mesure qu'on s'enfonce dans l'intérieur de l'île ses ravages deviennent plus visibles, et quand on arrive au cottage où M. Fleury a assis ses pénates, on s'aperçoit que la glace a mordu non seulement le feuillage, mais cuit sur pied les artichauts et donné aux palmistes, sans le secours de la poële, la couleur de la friture. Et c'est vraiment dommage, car à *Fleury's Cottage* la perspective devient admirable ; l'étroit couloir qui jusqu'alors avait formé un goulet monotone s'évase tout à coup en un ovale de plusieurs lieues de circuit dont toute l'enceinte est abritée par un revêtement de hautes montagnes partout tapissées de palmistes ondoyants. Ce riche bassin formé d'une terre d'alluvion est planté à l'européenne. Les artichauts s'y prélassent, et un champ de blé y verdoie comme dans les plaines de la Beauce. Vers le soir, d'épais nuages voilant les sommités du revêtement circulaire, tirent une ligne de démarcation entre les cimes qui disparaissent dans une mer de vapeurs, et la base qui, restant parfaitement visible, simule alors un amphithéâtre d'une régularité parfaite où le genre humain tiendrait tout entier beaucoup plus à l'aise qu'un jour venant dans la vallée de Josaphat.

Dans le défriché de Fleury, une surprise inattendue vient émouvoir le cœur. Une grande croix de bois à peine équarri, d'une simplicité aussi primitive que le site qui lui sert d'encadrement, se présente aux regards qui s'y attachent avec attendrissement. Certes, la raison nous dit que Dieu est partout, et pourtant le cœur se complaît à rencontrer un gage qui symbolise sa présence dans le vide du désert. On se sent moins seul et plus appuyé dans la solitude en s'y retrouvant sous l'œil protecteur de la Divinité.

A partir de l'habitation Fleury, la route devient aussi riante que commode jusqu'à la *grande montée*, c'est-à-dire pendant trois quarts de lieue. C'est une percée dans la forêt comme les voies de chasse à courre le cerf dans nos parcs d'Europe. Le voyageur se repent d'avoir tant maugréé la veille contre le chemin de la Plaine, tant il le trouve transformé. En effet, ses pas foulent un moelleux tapis de mourons et de fraisiers ; les mahos et les fougères arbres s'étalent en parasol pour ombrager sa tête, le terrain est plat comme la main... Mais cette heureuse métamorphose est de courte durée ; l'attrayante allée de jardin aboutit bien vite à la *grande montée*, l'épouvantail du chemin de la Plaine, à la *grande montée*, dont vous aurez une idée approximative si vous entassez en imagination le Pélion de la vigie sur l'Ossa de la Grande-Chaloupe ; à la *grande montée* enfin, dont les talus rudes et scabreux réveillent toute la rancune du voyageur, momentanément assoupie ; aussi les malédictions les plus énergiques et les imprécations les plus sonores éclatent contre elle. On ne s'en fait aucun scrupule, car si la *montée Panon* est tristement célèbre dans la partie Sous-le-Vent par la roideur de ses rampes et la longueur de ses interminables replis, la *grande montée* est, dans toute la justesse des termes, à *cent piques au-dessus* d'elle et pour la hauteur, et pour l'escarpement, et pour l'ennui nauséabonde dont elle affadit le voyageur. On n'a que trop le temps pendant trois éternels kilomètres d'une pente de 60 degrés, de macérer ses pieds sur une lave picotée en meules de moulin, de souffler d'ahan à apitoyer un asthmatique, et de s'écrier en désespoir de cause : « *Hélas, hélas, hélas, et quatre fois hélas !* » Il faut subir jusqu'au bout la torture de Sisyphe, et hisser son corps aussi lourd qu'un rocher jusqu'au sommet, avant d'avoir pu trouver une pauvre petite esplanade.... Mais aussi quel magnifique horizon se déploie de l'observatoire de la *Plaine des Cafres* où le voyageur est suspendu à six mille pieds dans les airs ! Devant ce spectacle solennel, toutes les tribulations sont oubliées. L'âme du voyageur passe dans ses yeux. A une immense profondeur, sous ses pieds, s'entr'ouve dans toute sa majesté, le bassin de la *Plaine des Palmistes* qui présente, nivelée par la distance, une surface de quatre lieues carrées enrichie de la plus belle végétation, et hérissée d'une crinière de palmistes qui se détachent en profil à l'horizon sur toutes les crêtes environnantes. A la tête de la plaine, et comme une citadelle avancée qui la domine, se dresse un monticule vrai hémisphère de verdure, aussi symétriquement conformé que l'île ronde de Maurice. Ce piton, qu'on croirait coulé au moule, relie la Plaine des Palmistes à la Plaine des Cafres dont nous nous occuperons maintenant. Les huit cents mètres de la grande montée nous ont fait franchir une zone entière. Une fois arrivés là, nous avons dépassé le cercle polaire, et on le croira plus volontiers quand on saura que chez Fleury déjà le climat est assez rigoureux pour que son châlet devienne un petit *Saint-Bernard*, dont l'utilité pour les voyageurs qui traversent le chemin de la Plaine sera constatée par le fait suivant :

Il y a trois ans à peine, par une froide matinée d'hiver, Fleury mort en 1870, le bon père Fleury, passionné pour l'horticulture, se chauffait devant sa porte aux rayons à peine sensibles d'un soleil devenu trop économe de calorique, et il promenait avec amour son œil de propriétaire satisfait dans une plantation d'artichauts qu'il choyait avec une sollicitude paternelle ; il fondait sur cette plantation les plus séduisantes espérances. Or il advint, qu'entre deux bouffées de tabac aspirées avec épanouissement de cœur, il crut voir, il vit même. . ô énormité ! un voyageur discourtois et brutal qui se dirigeait, en se démenant comme un épileptique, vers le châlet hospitalier, froissant de ses pieds larges à dormir debout, et écrasant outrageusement les délicats œilletons si douillettement soignés par Fleury *qui les planta, qui les vit naître.* Oh ! à cet aspect, il se leva courroucé d'une colère rouge et il cria de loin au passant : Hé ! que diable ! faites donc attention à vos pieds ; vous écrasez mes artichauts .. Dérision ! le malotru, sans daigner répondre, continua à patauger dans les artichauts, faisant un horrible abattis de feuilles, et décapitant, pour compléter sa *Saint-Barthélemy* de légumes, trois têtes qui faisaient la richesse et l'orgueil d'une des plus vénérables tiges. Cette dernière outrecuidance mit Fleury hors des gonds. Il bondit à la rencontre de son forcené visiteur qui s'avançait en chancelant comme un homme ivre, et d'une voix rauque de fureur il lui cria à tue-tête : « Par la sembleu, je vous empêcherai bien d'écraser mes artichauts ! *levez-moi votre camp d'ici.* » Le phlegmatique intrus, sans obéir à l'injonction, regarda l'autocrate de l'horticulture avec des yeux fixes et d'un air si étrange, que Fleury s'aperçut alors que le voyageur était pâle comme la cire et qu'il avait les dents serrées. Il s'élançait à son secours quand il le vit tomber défaillant au milieu de son allée. Il le prit à bras le corps, et transporta en toute hâte dans sa maison le malheureux qui était gelé. Sa machoire contractée ne lui permettait pas d'articuler un mot, ses mains engourdies par l'onglée crispaient leurs doigts crochus ; ses jambes seules conservant un reste de souplesse avaient obéi à un instinct machinal et avaient traîné le pauvre diable jusqu'à la demeure du refuge où les soins qui lui furent prodigués sauvèrent ses jours. On fut plus de trois heures à le rappeler à la vie. Quand il put parler, il raconta que, saisi, au sortir la Plaine des Cafres, dans la grande Montée, par l'âpreté d'une bise glaciale, il avait senti l'existence se retirer de lui et un froid mortel pénétrer jusqu'à la moelle de ses os ; qu'alors il avait pris sa course devant lui sans conserver la conscience de ce qu'il faisait, qu'en apercevant une maison et de la fumée, il s'était indélibérément dirigé vers le lieu d'où il attendait son salut ; qu'il avait parfaitement entendu ce qu'on lui disait, mais vainement essayé d'y répondre ; qu'enfin ses forces l'avaient trahi au moment où il s'approchait pour tâcher de se faire comprendre par signes.

D'après ce narré, on croirait que la Plaine des Cafres est une région où l'hiver antarctique, bien plus saisissant que le boréal, déploie toute la sévérité de son climat. Au premier coup-d'œil, on en reste persuadé. La Plaine des Cafres est un type de plus dans la variété déjà si diversifiée des paysages de notre Ile. C'est aussi mort que le Grand-Brûlé ; aussi triste que la Plaine des Chicots, aussi solitaire que le Piton des Neiges ; ce n'est pas mieux que tout cela, mais c'est autrement. Figurez-vous d'abord une large ceinture de hautes bruyères du Cap ensevelies depuis la racine dans une couche épaisse de mousses blanches, noires, brunes, jaunes et roses, formant une mosaïque végétale du plus riche effet. Puis, au-dedans de cette clôture circulaire, la vaste Plaine des Cafres étalant, sur un espace de plusieurs lieues, sa nudité moins apparente toutefois que celle de la Plaine des Chicots, car elle est recouverte d'un manteau brun de bruyères naines qui exhalent une odeur aromatique assez forte pour devenir gênante ; à cette bruyère courte et dure s'emmêle un gazon fin et odorant, au parfum duquel est due la délicatesse du beurre et du laitage que fournissent les troupeaux de M. Kervéguen, seuls habitants de cette sauvage contrée.

Dans la Plaine des Cafres (aussi parfaitement nivelée jusqu'aux confins de l'horizon, que la fameuse montagne de la Table au Cap de Bonne-Espérance) surgissent, à des intervalles espacés, des cônes volcaniques d'une régularité qui rappelle les tombeaux gaulois. Un vent aigre et mordant qui ne se heurte à aucun obstacle rampe silencieusement sur l'immense esplanade, sans faire ondoyer les pousses rigides de la bruyère ; son souffle n'est perceptible que par le frisson glacial qui vous saisit si douloureusement que les curieux sont bien vite obligés, pour effectuer leur exploration, d'aller s'abriter sous le vent des cratères côniformes derrière lesquels ils trouvent une température plus supportable..... Un grand ennui saisit le cœur quand les yeux errent sur cette lugubre solitude, véritable mer de bruyère comme le Sahara est une mer de sable. Cette teinte rembrunie du sol ressort encore plus des perspectives qui encadrent la Plaine des Cafres. Au sud, le piton de Villers paré de verdure agite au vent les feuilles de sa forêt de palmistes ; à l'ouest les escarpements de la rivière Saint-Etienne et le Bernard couvert de neige reflètent une teinte aussi blanche que les falaises de l'Angleterre ; au nord, le dôme colossal du Gros-Morne s'empourpre d'une couleur rougeâtre, et à l'est, à une profondeur de deux mille pieds, la Plaine des Palmistes déploie la richesse de sa luxuriante végétation et toutes les nuances d'un vert tendre ! Quel contraste au milieu de tout cela que la Plaine des Cafres terne et unicolore, pauvre mendiante à peine vêtue de sa grossière mante brune et dépaysée au milieu des magnificences tropicales qui l'enceignent de toutes parts. Deux ou trois flaques d'une eau stagnante et grisâtre, aux reflets plombés comme une glace dépolie, donnent le dernier coup de pinceau à ce paysage des Landes bretonnes qu'on ne s'attendait guère à rencontrer à Bourbon.

SALAZIE EN 1853

Quelle transformation de Salazie en 1828 à Salazie en 1853 ! Il nous souvient et il nous souviendra toujours de notre première exploration, il y a un quart de siècle. On n'oublie pas de si rudes fatigues. Il fallait passer *soixante-huit* fois la rivière du Mât, se plonger jusqu'aux genoux ruisselants de sueur dans les ondes glaciales du fougueux torrent, se cramponner comme des lézards aux redoutés passages du *frotte-ventre* et du *chat*, affronter les avalanches de rocaille qui se ruaient des escarpements... Alors Théodore Cazeau, premier et unique habitant de la *Marre-à-Poules-d'Eau*, réduit par les avalaisons à se substanter lui et sa famille, pendant vingt-deux jours, de citrouilles bouillies, opposait, à l'isolement de la solitude et à l'inclémence des saisons, l'indomptable persévérance qui a fait de lui le patriarche et le bienfaiteur de la Salazie actuelle. (Car il restera aux deux frères Cazeau, à Théodore le fondateur et à Pierre l'ingénieur et l'habile architecte, d'avoir attaché un nom glorieux et révéré aux destinées du productif quartier dont s'est enrichie notre île.) Mais, aujourd'hui, quelle diffé-rence ! trois mille personnes peuplent la déserte forêt des temps passés ; des caféteries de cent balles de revenu, l'année dernière, sans compter la récolte pendante, comme disait si plaisamment le proverbial *Timo-thée*, étalent la neige de leurs fleurs ou les brillants grenats de leur fève dans des lieux où l'ambaville et les brandes hérissaient, de leurs stériles buissons, les coteaux accidentés de cette pittoresque région. La pêche, la mûre, la framboise, la bibasse, la pomme, la prune, prospèrent où les oiseaux, naguères, trouvaient à peine les baies amères qui leur fournissaient parcimonieusement une chétive nourriture. Le maïs, la pomme de terre et les légumes les plus savoureux y déploient la végétation la plus vigoureuse, et cette *terre promise*, couverte de riants châlets accolés comme des nids d'hirondelles aux flancs de l'immense vallée, voit non pas des Israélites assis *à l'ombre de leur vigne et de leur figuier*, mais de robustes colons à l'athlétique musculature, des femmes à la carnation rosée dont l'Angleterre envierait le teint vermeil, assis aussi, dans la quiétude du bien-être, sous leurs bosquets de bananiers et leurs tonnelles de grenadilles. C'est à la *Source* surtout que le contraste est aussi tranché que saisissant entre le passé et le présent. Hier, 18 septembre, j'arrivais pour chercher des compagnons de voyage qui devaient faire avec nous l'ascension du *Piton-des-Neiges*. Qu'ai-je vu ? non plus la rustique rotonde en chaume et la naïade en plein air des excursions précédentes, mais un somptueux temple érigé à la déesse Hygie ; aux cryptes mystérieuses dont les souterrains, comme dans nos vieux sanctuaires gaulois, recélaient la source sacrée ; aux salles de bains aussi splendidement emménagées qu'à Barèges ou à Vichy ; dont les toitures, éclatantes de zinc, miroitaient au soleil au milieu des toits moussus des pavillons de l'ancien temps. Qu'ai-je vu encore ? des toilettes ravissantes de fraîcheur et de bon goût, fleurs exotiques transplantées dans le parterre de la Flore salazienne ; des essaims de gracieuses créoles, ajoutant, par le prestige de la jeunesse et de la beauté, l'animation de la nature vivante aux richesses de la nature végétale, vraies roses de Bengale en pleine floraison parmi les sauvages bruyères, nymphes enchanteresses faisant l'ornement d'une vallée aussi délicieuse que celle de *Tempé*... Qu'ai-je entendu ? les éclats de la gaieté et les accords de l'harmonie ; les mélodies d'un brillant orchestre mariant les notes aiguës des instruments à la basse continue des cascades, intérieurement les illuminations des lustres aux mille facettes, tandis que des myriades d'étoiles, extérieurement, chatoyaient de l'éclat le plus doux ; enfin la tourbillonnante valse et les trépidations élégantes de la polka au sein des forêts primitives de l'antique Mascareigne !

19 *septembre*. Nous partons, de frais matin, pour commencer l'ascension du *Piton-des-Neiges*. Un radieux soleil qui, à son lever empourpre le *gros morne*, nous promet une belle journée, et nous saluons d'un joyeux hourra, en partant, cet heureux augure du voyage, car la journée sera rude, les chemins scabreux, l'eau rare. Nous comptons sur des contrariétés, et compter sur pareille chose dans le bois, c'est être sûr de ne pas compter sans son hôte. En tout cas, à chaque heure son mal ; ne nous tourmentons pas d'avance. Pour le moment, tout nous sourit ; les touristes jettent leur premier feu, en arpentant, à grandes

enjambées, la charmante villa Lory, enjolivée de tout le *comfort* de la ville, entourée d'un parterre aux vives couleurs, le plus bel ornement du *Bé-Maho*. Puis, au bout du défriché, la caravane disparaît sous les grands bois et s'engloutit dans une sombre obscurité, véritable *eau sédative* qui calme subitement les joyeux transports. Chacun sent instinctivement que l'on aborde la partie sérieuse du voyage. On devient de plus en plus méditatif, à mesure qu'on s'empêtre dans les lianes, qu'on croule avec les bois pourris, qu'on trébuche sur les roches glissantes ; un bain glacial de rosée ajoute encore une douche efficace qui agit, comme réfrigérant, sur la surexcitation de l'enthousiasme.

Arrivés en *terre-plate*, les obstacles se multiplient et avant d'aller plus loin, pendant qu'un de mes compagnons rattache sa sandale de goni qui a failli rester prisonnière entre deux roches, et que son voisin tâche de redresser le renfoncement occasionné à son chapeau par un abordage trop brusque contre un tronc d'arbre, j'aurai le loisir de prémunir ceux de nos lecteurs qui auraient la velléité de tenter le voyage, contre les dénominations de *terre-plate* et de *plateaux* si prodiguées à certaines localités de Bourbon... Terre-plate ! ah ! bien, oui, joliment plate ! Il nous en souviendra longtemps des *platitudes* des *terrains capeux* comme les appelle si naïvement le bonhomme Benoni... *Terre-plate !* mais c'est l'hyperbole la plus effrontée qu'on ait eu l'audace de hasarder dans la langue française !, Terre-plate, une pente de cinquante degrés, que le Code forestier déclare incultivable... Il est permis de donner de l'élasticité aux mots et Messieurs les Rhéteurs surtout ne se s'en font pas faute, mais en abuser à ce point, c'est une gasconnade de linguistique, un véritable guet-apens de philologie.

Maintenant que la sandale est remise à son état normal, et que le couvre-chef n'est pas bossué, continuons notre pérégrination. Nous attrapons la *grande montée* qui doit aboutir à l'immense plaine du *Bras-de-Caverne*. Eh bien ! Touristes si sautillants tout à l'heure, si pétulants, si bruyants, qui partiez si résolus d'escalader *Pélion* par dessus *Ossa*, vous soufflez d'ahan, la sueur ruisselle, la respiration soulève péniblement vos poitrines avec un sifflement stertoreux... Dam ! tout n'est pas rose pour aller au *Piton-des-Neiges*. Vous avez la louable émulation d'inscrire vos noms au point culminant du vieux *Mont-Géant ;* vous voulez gagner votre bâton de maréchal dans les fastes du tourisme ! Alors rappelez-vous :

« Qu'à vaincre sans péril on triomphe sans gloire ; »

donc prenez patience, déployez de l'énergie, et souvenez-vous que *noblesse oblige.*

Au reste, les nouvelles recrues se comportent bien ; on souffre et on se tait avec un stoïcisme spartiate, et si la soif ne s'en mêle pas, nous nous en tirerons à notre honneur ; mais hélas ! s'il a plu pendant trois mois dans *les bas*, en revanche, *les hauts* ne s'en sont guère ressentis. Nous montons toujours, point de sources, point de ravines, et déjà la bouche est pâteuse et la langue devient sèche ; les visages pâlissent. Mais que faire? Pousser jusqu'à la *Caverne de terre* à deux lieues plus haut. Là, *peut-être*, nous trouverons de l'eau. En attendant,

« Nous passons les déserts, mais nous n'y *bûmes* point. »

On essaie de tromper la soif en prenant quelques gouttes de rhum, la soif persiste ; le besoin devenant plus pressant, on entame la sacro-sainte provision de vin, la soif augmente ; à bout d'expédients, on mâche des feuilles de scolopendre, on met dans sa bouche des balles de plomb, on va jusqu'à broyer, entre ses dents, les tubercules bul-beux de la vanille sauvage, car il n'y a pas même de mousse humide à sucer. Enfin on arrive, exténués, à la *Caverne de terre*. (*Caverne* comme *terre-plate*, nommée ainsi par abus criant de langage ; caverne appelée caverne comme les furies sont appelées Euménides, où l'on couche à la belle étoile par trois degrés centigrades, ayant les astres pour flambeaux et le dôme du ciel pour alcôve.) C'est égal, dînons toujours. Ouais !... Mais pour manger il faut boire, et c'est justement de ce côté que le bât nous blesse. Aussi nécessité devient mère d'in-dustrie. A force de fouiller dans un quasi-ravin, nous déterrons, l'ex-pression est juste (c'est à sept pieds sous terre) une manière de puisard au fond duquel dort à peu près une velte d'eau stagnante ; si elle n'était que stagnante, passe ! mais elle est noire comme du café ou comme de la liqueur de cassis, et saturée à tel point de parcelles de mousse, qu'il faut, pour la boire, tendre un mouchoir devant le verre et aspirer, au travers du tissus, le liquide tant soit peu déféqué. Voilà, comme vous l'apprendrez, un filtre d'une nouvelle espèce. Hé bien, cette eau, fraîche au moins, laissons lui son unique qualité, nous a rendu la vie et la gaîté, c'était un vrai nectar, le plus délicieux des sorbets. On craignait d'en perdre une goutte... Restaurés et ravivés par elle, nous avons procédé au campement. Rien de plus grotesque que le coup-d'œil qu'il offre. Tous enveloppés de nos couvertures blanches, vertes, grises, drapées en burnous, nous simulons, aux reflets cuivrés de notre feu adossé à un rocher de basalte, une horde d'Arabes bédouins... Bientôt l'impérieux besoin du sommeil nous a plongés dans un assou-pissement profond, à moi bien et dûment constaté par des ronflements d'une entière sonorité, qui, comme autant de pédales d'orgue, formaient un clavier rassurant pour la santé des dormeurs, mais passablement discord pour les oreilles des éveillés.

20 *septembre*. — Malgré le froid âpre d'une nuit de gelée en plein air, nous levons le camp, reposés et allègres, ayant longlée aux doigts et les mains bleuâtres ; il faut aller déjeûner à la caverne Mussard. Nous cheminons dans un fouillis d'ambavilles emmitoufflées d'épaisses mousses aux nuances diaprées des plus vives couleurs, bigarrées comme les palmettes d'un cachemire, moelleuses au toucher et éclatantes à l'œil. La végétation tropicale s'en va. Les bruyères hérissent les côtes, les calumets dardent leurs longues flèches empennées au fond des vallons abrités ; les lichens d'Islande appendent à tous les rocs. Toujours disette d'eau, soif renaissante, quel tourment ! c'est le plus cruel, le seul insupportable des voyages de bois. Trois lieues à faire, toujours en montant, avant d'atteindre la *Caverne-Mussard !* mais aussi, rendu là, cavité abritée, brèdes de patience et de mouron, eau cristalline et frappée à glace ; en avant donc, courons nous désaltérer aux sources d'*eaux vives*.,. Nous y sommes, il était temps, nos pauvres porteurs de paquets avaient souffert encore plus que nous. La belle, la secourable caverne est saluée d'un regard ami, pas d'autre manifestation possible... On voudrait pousser un cri de joie, mais on n'en a pas la force. O l'insigne jouissance que de boire à longs traits après une soif de vingt-quatre heures et la marche forcée de tout un long jour ! Que sont les breuvages les plus exquis pour nous auprès de l'eau limpide dans laquelle nous plongeons nos lèvres brûlantes ? Ceux-là seuls qui ont subi les mêmes épreuves apprécieront à sa juste valeur le bien-être que nous ressentons.

L'historique *Caverne-Mussard*, aux sanglants et tragiques souvenirs, annonce bien ce qu'elle a été ; c'est une vraie caverne de mélodrames, repaire de brigands et théâtre de meurtres. Ses noires anfractuosités s'enfoncent sournoisement sous la montagne comme les oubliettes de Louis XI. Mais pour adoucir l'involontaire épouvante qu'elle inspire, ses parties extérieures sont veloutées du plus verdoyant mouron et des mousses les plus douillettes. Au dehors tout est riant, au dedans tout est sombre. Pendant que notre déjeûner mijote dans les marmites, les brumes dessinent de floconneuses arabesques sur la verte ouverture de l'Andre, et donnent une teinte écossaise au site voilé d'un vaporeux brouillard.

Au sortir de la *Caverne-Mussard*, on franchit une zône. Adieu aux derniers vestiges de la nature tropicale ; plus rien des productions équatoriales. Brusquement vous êtes transportés aux *Toundras* désolées de la Sibérie. Pour efforts suprêmes d'une nature expirante, de livides lichens ; de longues mousses blanches comme les cheveux de la caducité, froide toison dont se revêtent les grisâtres rochers ; de rachitiques bruyères de Bretagne ayant à peine quatre pouces de haut et s'épatant sur le sol, lustré lui-même d'un endroit parcheminé d'où sortent, comme des clous de girofle, les fleurs rouges et rigides d'une mousse lilliputienne. Le blanc terne des climats polaires, voilà la seule parure de la rude pente qui aboutit au *Piton-des-Neiges*, et qui signale tristement son approche ! La brume est tout à coup balayée des sommités. Quel splendide panorama ! à douze lieues, le ballon du volcan surmonté de son gigantesque cratère que l'éloignement revêt d'une teinte azurée. Il épanche, à gros flocons, une énorme colonne de fumée qui remplit toute la capacité de son immense bouche d'une demi-lieue de circuit ; plus rapprochée de nous, la plaine de la Rivière-des-Marsouins déroule ses vastes steppes ; de l'autre bord, le quadran-gulaire Cimandef dresse avec hardiesse ses vives arêtes, et, séparée de lui par un insondable abîme, la crête de la plaine des *Chicots* rivalise de hauteur avec lui. A une heure vingt minutes, nous atteignons le rebord du *Piton-des-Neiges* qui enclot le cirque de Salazie... O l'imposant spectacle ! Quelle grandiose horreur ! Certes, l'Océan, avec ses flots sans limites, étonne l'imagination ; mais, si jamais l'image de l'immensité s'est pleinement manifestée, c'est ici !... A nos pieds, un escarpement à pic qui surplombe, à une épouvantable profondeur, un ténébreux amas de nues condensées... Le frémissement du vertige nous fascine et nous courbe involontairement vers ce vide informe, la plus terrifiante personnification du chaos ! Dans trente ans d'ici, ne sera pas effacée la redoutable vision qui a galvanisé tout notre être... Montons, montons encore. La caverne *Dufour* au sommet du Piton-des-Neiges, ce but du voyage si persévéramment poursuivi, est encore à deux grandes lieues. Phénomène étrange ! deux brises se combattent sur la crête étroite que nous longeons. Celle du sommet, âpre et gla-ciale, endolorit le côté gauche de notre corps exposé à son action; celle qui remonte à contre-bord du fond du gouffre de Salazie, chaude et épaisse, tient en moiteur la partie droite qui y fait face.

Voilà le Piton-des-Neiges aperçu à distance dans toute sa splendeur. Le point culminant du tertre Schneider est déjà perceptible, c'est le phare de salut et le signal désiré de l'arrivée. Courage, amis, nous voyons déjà la halte ! Le chemin, d'ailleurs, est facilité. Plus d'arbres, plus même d'arbustes, un désert dénudé, semé de roches gauffrées d'incrustations sulfureuses, des laves arborescentes, ramifiées comme les bois d'un daim, véritable végétation de pierre, mais laissant des interstices suffisants pour qu'on y pose un pas assuré ; des scories ferrugineuses recouvertes de rouille... Ah! voici les signes indicateurs de la route de la caverne *Dufour*. Des roches alignées de vingt pas en vingt pas comme des bornes militaires. Maintenant nous sommes sûrs d'arriver dans un quart-d'heure au plus. Oh ! comme la certitude de la réussite double les forces ! Les pas deviennent si accélérés qu'en neuf minutes la distance est franchie, et en un clin-d'œil la bienfaisante caverne a recélé dans son sein protecteur les neuf voyageurs du désert. La spacieuse caverne ! elle contiendrait soixante personnes. Son aspect est austère. Au dehors, rien de riant comme à la caverne Mussard. Mais l'utile passe avant l'agréable. Quelle est commode au dedans ! quelle est close ! La couche de lave qui sert de pavé monte en pente douce pour la préserver de l'humidité des eaux pluviales. Elle s'enfonce à cinquante pieds de profondeur, ses parois sont du roc le plus sec, sa voûte en plein-cintre s'élève à la hauteur de douze pieds. Que nous dormirons mieux là qu'hier exposés aux injures de l'air ! Allons, faisons nos matelas de bruyère, ramassons l'eau du diaphane bassin que la Providence, par un miracle de prévoyance, a placé au sommet le plus élevé de la solitude des laves... Qui s'attendrait à rencontrer de l'eau sur le cône culminant de notre île ! La chose existe pourtant, quelque invraisemblable qu'elle soit. Profitons du soleil avant qu'il ne se couche, et allons, sur le versant de Saint-Louis, admirer la perspective de Cilaos.

Dix minutes nous ont suffi pour nous y rendre. Là d'autres merveilles ! Des sommités couvertes de nuages, qui, frappés des rayons du soleil, reflètent une blancheur nacrée, imitant à s'y méprendre les pics neigeux des Alpes. Puis, le rideau se déchire, et apparaissent simultanément les abîmes boisés du *Cilaos* entr'ouverts sous nos pas ; au fond de leurs abruptes remparts, se montrent les étangs entourés de leur ceinture de joncs... plus bas encore, nous cherchons l'emplacement des eaux Thermales, que la brume s'est obstinée à nous cacher... Pour faire trêve à notre impatience, et tuer le temps, en attendant une éclaircie complète, nous roulons, de l'accore du précipice, des blocs de lave qui rebondissent dans le gouffre avec un fracas toujours croissant, et dont le lointain tonnerre monte encore vers nous, au bout de trois minutes, avec le choc mat de soubresauts saccadés.

Ensuite, nous relevons les yeux, et nous voyons surgir la muraille de dix lieues du grand Bénard ; puis, devant nous, le *grand coteau* de Saint-Pierre, puis encore les sommités élancées de la rivière du rempart de Saint-Joseph, qui vont se relier au volcan. Demain matin, il faudra bien que nous scrutions, grâce à la diaphanéité de l'air, ce que la brume du soir a eu la malice de nous cacher.

21 *septembre.* — L'impatience de l'attente abrège le sommeil. Dès trois heures du matin nous envoyons chercher de l'eau, on nous rapporte des poignées de glace ; première bonne nouvelle ! à quatre heures et demie le branle-bas général du café se fait. Les plus alourdis sont obligés de se mettre sur leur séant, avec la couverture nouée en manteau, car on grelotte, et il y a de quoi... après avoir avalé le café brûlant, on se hasarde à sortir pour veiller le point du jour, afin de

monter sans délai, puisque nous devons, ce soir, être à Salazie, et que quatorze lieues nous en séparent... Point d'aurore encore, mais le spectacle le plus curieux... La longue colonnade de fumée du volcan, teintée d'un jaune pâle par la clarté de la lune, comme une immense torsade de soie grège ! et au-dessus, une resplendissante comète suspendue, comme l'*étoile des mages*, au sommet du cratère.

Les gens de Saint-Denis peuvent vérifier : 30 degrés au-dessus de l'horizon, est-quart-sud-est, à 4 h. demie du matin.

Pendant que nous admirions la comète, l'aurore a rougi l'incommensurable horizon qui enceignait l'Île... Nouvelle joie ! Maurice a profilé sa silhouette de la manière la plus apparente ; on apercevait tous les caps et tous les pitons ; elle paraissait grande comme Sainte-Hélène relevée à six lieues de distance. Enfin le soleil s'est élancé dans les airs ! Aussitôt nous avons couru au point culminant du Piton-des-Neiges par le rempart de Cilaos, en traversant les territoires de Saint-Pierre et de Saint-Louis sur lesquels nous posions rapidement le pied... Nos regards ont plongé jusqu'au fond des précipices, et nous avons aperçu le site si pittoresque des eaux thermales de Cilaos et tout l'encaissement du grand Bénard. Nous grimpions au pas de course, faisant craquer sous nos pas des glaçons d'un pouce d'épaisseur, et pourtant nous étions en nage, tant nous mettions d'ardeur à arriver en haut. Enfin nous avons posé un pied triomphateur sur le tertre Schneider. Le but était atteint, la joie était délirante. Puis a succédé l'extase muette de l'admiration. Autour de nous, un horizon d'une rondeur aussi parfaite que le cercle de *Borda*, mesurait *trois cent cinquante* lieues ; la mer partout, l'immensité partout ! au dedans du cercle, toutes les parties de l'île éclairées des feux du jour naissant. En un quart de minute, la plus magique fantasmagorie faisait glisser, sous les regards de l'observateur qui pivotait sur lui-même, la rivière des Pluies à une lieue de St-Denis, St-André avec son clocher aigu, une partie de St-Benoît, le volcan de Ste-Rose, le cap Lardet de St-Philippe, le piton Montvert de St-Joseph, le quartier St-Pierre avec ses vaisseaux en rade, St-Louis avec son féodal château du Gol, l'immense Bénard représentant les quartiers de St-Leu et de St-Paul, enfin la pointe interminable des galets qui confine à la Possession.

Au centre de l'observatoire, la plaine des Cafres cristallisée de la gelée blanche la plus éblouissante, et le verdoyant enclos de Salazie terminé par la plaine nivelée du *Bras-de-Caverne*. Quel gigantesque panorama ! Deux cent treize lieues carrées embrassées d'un coup-d'œil !

Tout près du tertre Schneider, nous avons trouvé un bassin rempli d'eau pluviale encroûtée d'une couche de glace d'un demi-pouce d'épaisseur au bord, plus mince vers le centre ; nous avons avidement rempli nos bouches altérées de ce précieux réfrigérant, et nous avons fait briller au soleil des morceaux grands comme des carreaux de vitre. Nous avons vu le tertre Schneider tapissé des noms de tous les voyageurs qui avaient eu le courage d'y arriver. Il est surmonté d'une grande croix de bois dont la vue nous a profondément émus. Nous avons salué cet emblème religieux, arboré sur une cîme plus élevée que celle du grand-Saint-Bernard, et ce cri : *O crux ave !* est sortit du plus profond de notre cœur. Ce symbole d'une protection bienfaisante nous a rappelés délicieusement à la pensée d'une providence/omni-présente dont l'œil maternel suivait tous les pas de notre pérégrination ; aussi, est-ce avec plus de confiance que nous avons entrepris le trajet du retour. Oh ! que nous sommes légers en descendant ! quelle gaîté ! Comment, en deux heures, nous avons franchi l'espace du piton des Neiges à la caverne Mussard. Mais c'est un prodige de gymnastique ! Nous te revoyons avec plaisir, caverne fraîche et hospitalière. Nous prendrons, sur ton tapis de mouron, notre dernier repas alpestre. Nous sommes sûrs, à présent, d'arriver à Salazie, car nous sommes aussi dispos qu'en partant. Décidément nos jarrets sont d'acier, et qui en doutera, nous suive !!!

Le précédent narré certifié conforme et véritable ; et, pour ce, ont apposé, sur le tertre Schneider, leurs signatures incrustées dans le granit :

MM. L. Héry, V. Malvoisin, P. Foignet, G. Lahuppe, Th. Lahuppe.

LE CRATÈRE

~~~~~~~~~~~~

Itinéraire et ascension du volcan.

En lisant ce titre, plus d'un abonné du *Commerce* va s'écrier : Encore une description romantique! cela nous arrive en septembre aussi périodiquement que les équinoxes. Tout doux, Messieurs, ne vous courroucez pas, cela n'arrive qu'une fois l'an, et si vous *sortez d'en prendre*, il y a onze mois, n'en prenez pas le douzième, passez l'article descriptif, et courez aux ventes et aux annonces judiciaires. Mais quant à empêcher le touriste de faire ses explorations dans l'île, c'est comme si vous chantiez *femme sensible* sur l'air de Malbrouck (Malborough pour les puristes) ; car que lui faut-il pour cela ? Ses jambes, du riz, des sandales de goni, du courage, de la patience, et le tour est fait. Ses pérégrinations sont sa vie, sa nature, son bonheur. C'est un drôle de corps que le touriste, une espèce tout à fait à part, une variété du chamois non décrite par Buffon et qui mérite de l'être. Le touriste ne jouit de la vie qu'en plein vent, il ne croit s'épanouir dans la plénitude de l'existence que sur les grandes routes, et encore je m'exprime mal, ce ne sont pas les grands chemins qu'ils affectionne, c'est trop plat, trop uni. Il faut au touriste ce qu'il appelle le *rougail* du voyage. Y a-t-il quelque sentier hérissé de pointes de roc, enchevêtré de lianes inextricables, conduisant à quelque pic bien ardu, aboutissant à quelque précipice bien vertigineux : Voilà son affaire, soyez sûrs qu'il le prendra. Le touriste tient du cabri, c'est un animal grimpant. Voyager en pays plat, lui ! fit donc ! quelle monotonie ! où seraient les plaisirs de l'excursion ? car il tient, le touriste, à ce que vous appelez des contrariétés, autant que les femmes russes à être battues par leurs maris. Trouve-t-il un rempart escarpé, hérissé d'aspérités à lui piquer la plante des pieds comme s'il dansait sur des noyaux de pêches : bon, dit-il, cela commence à bien faire. Est-il transpercé par une pluie torrentielle ? Sa joie augmente ; oh ! que nous serons bien chaudement ce soir au boucan, s'écriera-t-il en grelottant. Est-il harponné par les quelques douzaines d'hameçons d'une branche de *crocs de chien* ? il trépigne d'aise. Oh ! oh ! exclamera-t-il, moi et mon pantalon, nous reviendrons à nos pénates avec de glorieuses blessures *reçues au champ d'honneur*. A-t-il l'insigne jubilation de s'égarer dans les laves du pays brûlé, d'y subir une de ces soifs ardentes qui font tirer la langue à la façon des mulets de charroi ? Son ivresse sera complète et son ravissement sera élevé à une N^{ième} puissance. Il sera fier comme Artaban et se comparera mentalement :

> Au maréchal Bugeaud
> Monté sur son chameau
> Traversant le désert.
> Pour suivre Abd-el-Kader.

Et malgré son essoufflement, il essaiera d'entonner un larifla, fla, fla, qui avortera dans son gosier enroué.

D'où vient donc au touriste cette intarissable gaîté que rien ne peut morfondre! C'est que le *tourisme* est l'indépendance, ce bien si prisé par les peuples nomades, qu'ils le préfèrent au comfort. Allez demander à l'arabe bédouin, au tartare nogaï, même à nos bohémiens d'Europe, d'échanger leur vie errante pour une existence stationnaire. Les faits vous répondront. Il y a trois mille ans que ces touristes là font la sourde oreille aux câlineries de la civilisation. Or, on ne s'entête pas si longtemps à moins qu'on ne croie avoir d'excellentes raisons pour s'obstiner. Après tout, en fait de bonheur, chacun le mesure à son aune, et il paraît que l'existence nomade le prodigue pour eux à la brasse.

Les Cascades.

Quel frais paysage que l'habitation des Cascades à Sainte-Rose ! Quel site ravissant et par les beautés qui lui sont propres et par le contraste des âpres scories qui l'enclosent! C'est un nid d'alcyon tapi au fond d'un rocher pour s'y abriter aux rayons du soleil. Sur la hauteur, des déserts de laves arides sans une goutte d'eau; en bas, la plus riante perspective, rafraîchie par les eaux jaillissantes de dix-sept casca-

telles qu'on voit sourdre de la paroi perpendiculaire d'une muraille de
rochers, pour arroser une verte prairie au gazon d'émeraude, au centre
de laquelle un petit lac voit nager sur ses ondes des troupes d'aigrettes,
de courlis et de bécassines. Au-delà du petit lac, une anse mignonne
amène jusqu'à vos pieds les flots de la mer qui viennent expirer sur
une grève tapissée de coquillages. Dans un coin du vallon, la maison
du maître, près de laquelle une usine à scier des bardeaux fait mouvoir son moulin pour animer la scène. Et dans le lointain, d'un côté le
Piton Rouge, de l'autre l'Ile aux homards, gros îlot incessamment rongé
par la lame, et ainsi nommé parce que, dans les beaux temps, on y
pêche en abondance le succulent crustacé, malheureusement trop rare
à Bourbon.

Voilà l'ensemble des Cascades. Nous n'insisterons pas sur les détails, et nous serons sobres de style romantique, pour ne pas imiter le
peintre chevelu, qui prodiguait outre mesure à ses paysages le *vert-
foncé*. Nous aussi, nous nous tiendrons en garde contre la littérature
aux épinards. Ainsi, soyez calmes.

Le Grand Brûlé en 1853.

Il paraît que les révolutions volcaniques sont aussi turbulentes que
les révolutions politiques, car l'année 1848 a complètement bouleversé
l'aspect du Grand-Brûlé. J'avais annoncé à mes co-voyageurs la mirifique coulée de 1812, la reine du royaume des laves. A ma grande stupéfaction, pas plus de coulée de 1812 que sur ma main. « Dites donc,
compère, fis-je à François Dalleau, notre guide, est-ce que par hasard
la République aurait été fatale à la royauté du volcan et aurait détrôné
la coulée, que je ne la vois pas? C'est bien ici qu'elle était, si je n'ai
pas la berlue. — Tout juste, comme vous le dites, Monsieur, 1848 a
enfoncé la coulée de 1812 dans le troisième dessous ; vous êtes à quinze
pieds en l'air à lui danser sur le corps, sans vous en douter. La jeune
a si bien effacé la vieille, qu'à présent pour tracer le chemin, il a fallu
badigeonner au lait de chaux les sommités violâtres pour établir des
points de repère qui puissent guider le voyageur, car on s'égare encore
au Grand-Brûlé, mes braves, témoin ce qui est arrivé, il y a deux mois,
à un homme de Saint-Denis qui croyait pouvoir se passer de notre
secours. (Ici le guide se rengorge, aussi fier de son importance que
M. Dupin, quand faisant le Jupiter tonnant, il agitait la sonnette de la

présidence pour imposer ses *quos ego*.) Hé bien ! ce citadin qui voulait passer le Brûler *à soi tout seul*, s'est perdu dans le dédale insidieux qui git entre le Bois-Blanc et Tremblet. Il est resté deux jours sans manger et sans boire, qui pis est ; montant, descendant de la mer à la fournaise et de la fournaise à la mer, tant et si mal qu'à la fin des fins, et il était grand temps, le bon Dieu a envoyé dans le voisinage du morne où il s'était juché, un chasseur de cabris qui a entendu les dolentes lamentations de sa voix exténuée, et il a trouvé le pauvre homme si maléficié qu'il a fallu le porter à bras tout moribond jusqu'à la sucrerie de M. E. Lacaussade où, à force de frictions, de soins et de restaurants, on l'a remis sur pied au bout de trois jours. Ma foi ! le pauvre diable était aussi à plaindre que le créole de Saint-Joseph qui voulut traverser la coulée de 1850. Ce brave créole de Saint-Joseph, un maigre, un fluet (au reste, tant mieux pour lui, car s'il avait pesé deux cents livres, il était flambé celui-là !) avait la simplicité de se mettre en route nu-pieds. Arrivé sur la coulée dure déjà, mais chaude encore, il marche, marche jusqu'au milieu d'où sortait un peu de fumée. Fume si tu veux, dit-il, je fume aussi, moi, et il *hallait une touche* pour charmer l'ennui du trajet (qui n'est guère amusant, faut le dire) ; aïe, aïe... lève un pied... oh ! là, là... lève l'autre.... Le pauvre cher homme a laissé les *peaux de ses talons* sur la lave, et il y aurait laissé le restant de son corps, s'il n'avait pas eu l'instinct, portant son paquet de linge à la main, de le poser pièce par pièce sur la coulée et de marcher dessus, tant il est vrai que la nécessité donne des idées, même à ceux qui n'en ont guères.

Pendant que notre guide devisait ainsi, la nuit approchait. Elle nous a surpris à une lieue encore de la montée du Tremblet ; et dès que l'obscurité s'est faite, nous avons eu, nous aussi, notre tribut d'angoisses à payer. Figurez-vous dix-neuf personnes abandonnées, au milieu de la plus âpre solitude, au soin de la Providence qui, heureusement, ne leur a pas fait défaut, lesdites personnes impressionnées déjà par les récits du guide et soudainement enveloppées des noires ténèbres dans le noir désert du Brûlé ; anxieuses, éperdues, s'achoppant à chaque instant aux rugosités du clapotis de lave qui sert de carapace au monstre qui vomit les flammes. Certes, la situation était saisissante, et ceux qui nous accusent de romantisme, s'ils avaient été là, auraient trouvé la réalité positive suffisamment palpitante d'émotions.

Nous étions réduits, en cotoyant un rempart de cent cinquante pieds à pic qui surplombe la mer, à sonder avec notre bâton le sol métallique et retentissant avec une inquiétude égale à celle du pilote qui jette son plomb au moment de faire côte, et à crier d'un ton lugubre : veille ! veille ! mot qui passait de bouche en bouche aux dix-neuf pèlerins alignés à la file, et qui de temps en temps trébuchaient pesamment ou tombaient lourdement sur le sol. Enfin, après deux heures de cette cruelle épreuve, comme dans les contes de fées, une petite lumière s'est montrée devant nous, et la case du vieux Gauvain, à qui nous avons demandé une hospitalité gracieusement accordée, nous a reçus pantelants d'émoi.

Saint-Philippe.

Il y a trois choses curieuses à Saint-Philippe :

1° La magnifique sucrerie de M. E. Lacussade ;

2° Un Cratère de quarante pieds d'élévation, dans la coulée de Bari qui date de 1801. Ce cratère coniforme ressemble à un énorme four-à-chaux. Quand il a fait explosion, il s'est fendu symétriquement en six compartiments, laissant au centre un orifice au fond duquel s'abritent d'épaisses broussailles ;

3° La sauvage ravine de la *Basse Vallée* encaissée entre deux gigantesques remparts tapissés de scolopendres et de lianes échevelées qui balancent au vent leurs ondoyants panaches. Cette ravine est une des plus pittoresques de l'île entière. Le chemin qui gravit la paroi abrupte du côté de Saint-Joseph, côtoie un précipice de 700 pieds et se rétrécit tellement que dans un endroit, entre deux rochers, l'excavation laisse à peine place au passage d'une voiture. Du sommet de la *Basse Vallée*, la vue se porte sur les noirs récifs de la pointe de Taka-Maka, toujours tourmentés par une mer furieuse dont les bondissements font jaillir le ressac à soixante pieds d'élévation avec un fracas comparable à celui du *Roost de Sumburgh* dans les îles Shetland.

Saint-Joseph.

Nous voici dans le quartier de Saint-Joseph. Qu'on en fasse le *loustic* de ceux de notre île, je le trouve quant à moi charmant d'aspect et de fertilité et j'en crois les habitants tout aussi madrés que les finauds qui veulent en rire.

L'ascension du Cratère par la ravine de Vincendo.

Vendredi, 26 août. — Nous partons à six heures du matin, la bretelle sur le dos, le bâton à la main, et nous arrivons, au bout de quatre
cent gaulettes, aux grands bois. Oh! la belle forêt! on ne peut lui com-
parer que celle de Mahavel à Saint-Pierre. Nous trouvons à chaque
instant des *Nattes* qui pourraient faire des bas-mâts de vaisseau, un,
entre autres, mesure plus de vingt-deux pieds de circonférence.
Quelle fortune qu'une pareille forêt dans le voisinage de Saint-Denis.

Au bout de quatre heures de marche, nous faisons halte dans un
bosquet de palmistes si vigoureux, que le chou doit en peser au moins
quatre livres. Le froid est déjà vif, notre respiration fume, et le thermomètre que nous avons, marque huit degrés centigrades.

Après un court et frugal déjeûner, nous continuons notre ascension
par une ravine qui mérite plutôt le nom de *glissante* que celle de Saint-
Benoît. Ce lit de lave poli comme du marbre, et aussi en pente qu'une
montagne russe, nous donne les mêmes déceptions que celles qui sont
réservées à ceux qui montent au mat de cocagne. A chaque instant, un
des dix-neuf de la bande glisse en descendant, et perd le chemin qu'il
avait laborieusement conquis. Quelques-uns n'en sont pas quittes pour
des glissades, ils boulent comme des lièvres jusqu'au fond des bassins,
et deux d'entre nous y ont pris bien involontairement, je vous le jure,
un bain glacial qui les a fait fumer intérieurement et extérieurement
une bonne demi-heure; car, à la hauteur où nous sommes, dès que
vous êtes mouillé, vous fumez à la façon de la soupape de sûreté d'un
tambour à vapeur. Enfin, nos deux baigneurs se sont consolés en se
disant que, d'après Priessnitz, l'hydrothérapie est très salutaire, et que
pareille immersion leur vaudra mieux que six doses de citrate de
magnésie.

Un peu plus haut, patatras!... Voilà l'homme aux bouteilles en dérive, débâclant à la dévalée avec une vitesse de onze nœuds. Lui et
nous, n'avons eu que la peur. Ce sont les bouteilles qui ont eu tout le
mal. Neuf de cassées! nous voilà à la demi-ration. Que faire? se
résigner, car, dans le bois, quand on n'est pas content, il faut être
philosophe.

Enfin, après une journée de la marche la plus pénible, nous arrivons à cinq heures du soir au cap Lardet, à mille toises d'élévation. La
gelée a brûlé les feuilles de fougère, et sans les pluies continues qu'il
a fait, nous trouverions de la glace.

Nous faisons vite un ajoupa sur la terre mouillée, nous y étendons,
pour matelas, des feuilles de palmistes humides. Maintenant à la grâce
de Dieu que nous prions de nous préserver d'un catharre!

Samedi, 27 *août*. — Point de rhume, mais un froid si vif que nous avons été réveillés chaque fois que le feu s'éteignait pendant la nuit. Notre thermomètre marque quatre degrés. Nous avons tué dans l'espace d'une heure neuf merles si gras que leur peau est couleur de beurre frais, ils contribueront au déjeûner. La journée sera si rude que nous déjeûnerons au point du jour pour marcher sans interruption jusqu'à cinq heures du soir. Nous continuons, le fusil au bras, à gravir notre traîtresse ravine glissante qu'il faudra persévéramment monter jusqu'à sa source. Les calumets montrent, par bouquets, leur plumetis de feuillage. Les ambavilles jaunes, rigides et cotonneuses constatent une élévation toujours croissante. La brise se fait aigre et mordante, et pourtant, après nous être collés, comme des chauves-souris, aux aspérités du roc, il nous faut descendre jusqu'aux genoux dans des flaques d'eau qui nous donnent l'onglée mais qui ôtent la fatigue. Les merles sont si nombreux que sans dévier de la route, nous en abattons trente. Quel régal pour le repas du soir ! Ils sont gras comme les grives de Lucullus.

A la source de la ravine glissante à laquelle nous adressons pour adieux toutes les malédictions que peut suggérer le dépit, nous entrons dans la zône glaciale de Bourbon. Plus d'arbres, plus de verdure... du brun foncé, du gris terne, du blanc éblouissant... Bruyères de Bretagne, ambavilles grises, lichens fongueux imitant des plaques de neige, tout comme au Bénard et à la plaine des chicots. Même tristesse polaire mêmes plateaux désolés. La gelée a chanci tous les végétaux. Du sommet d'un tertre, nous apercevons le Volcan dégorgeant de la fumée. Nous pressons le pas pour atteindre le rebord qui lui sert de ceinture... Nous y voilà ! un cri prolongé d'admiration, s'échappe simultanément de dix-neuf bouches. Blancs, indiens et noirs sont saisis du même enthousiasme... Quel aspect sublime, grandiose ! Comment donner un aperçu de ce qui est indescriptible? Jamais l'expression « *c'est à se mettre à genoux devant*, n'a été plus juste, car on est tenté de s'agenouiller avec extase et de s'écrier : Mon Dieu ! que vous êtes merveilleux dans vos œuvres, et que le cachet de votre majestueuse toute-puissance est ici solennellement empreint !

Figurez-vous, si tant est qu'on puisse se figurer ce qu'il faudrait voir, un immense cirque de six lieues de pourtour ayant pour clôture une muraille régulièrement circulaire de douze cents pieds ; dans l'enceinte du cirque, un gigantesque hippodrome, nivelé comme celui de Saint-Denis et pavé en dalles de lave, au milieu duquel surgit un cône d'une lieue et demie de diamètre à la base, obélisque colossal comme le créateur du monde seul peut les faire. Cette immense enceinte, dominée par son dôme géant, est de l'aspect le plus saisissant, éclairée surtout par un brillant soleil qui en détache en relief toutes les formes.

Sur un des flancs du grand obélisque, est un pain de sucre du rouge le plus vif dont la couleur ocréacée tranche crûment sur le noir de fumée ou le gris cendré qui colore le reste du site.

Ce monticule était, l'année dernière, le vomitoire du grand Volcan. On voit encore au sommet du cône ses trois gueules béantes.

D'un autre côté est un vaste puits à la margelle de cent cinquante pieds, foré comme un puits artésien. C'est un cratère plus ancien.

Une particularité dont nous n'avons pu nous rendre compte, c'est que les abords de toute la contrescarpe de l'enclos du Volcan sont recouverts d'une couche épaisse de *moraine* (gros sable verdâtre) comme on en rencontre au pied des glaciers de Taconnay et de Chamouny en Suisse.

Voilà pour l'ensemble du tableau : demain nous explorerons les détails. Le plus pressé actuellement est de se gîter à la caverne du *Cap blanc*, de ramasser le bois aussi nécessaire que la nourriture dans la région hivernale où nous sommes, de couper le matelas de bruyères qui fera notre lit, et de cuire notre riz pour dîner avant la nuit. La lueur du Volcan, si nous sommes surpris par l'obscurité, nous servira de lampe-carcel.

Le vieux père de Sénac Fontaine, notre excellent guide, est resté à la caverne. Tout en pelant ses cambares fines, il me raconte avec complaisance (la vieillesse est conteuse) ses prouesses d'autrefois. Il me dit comme quoi un jour, faisant partie d'un détachement avec neuf de ses camarades, ils rencontrèrent un camp de marrons abandonné ; il était intérieurement jonché d'une épaisse couche de paille. Le premier qui y entra vit sortir de la paille un objet noir qu'il prit pour un pied de marmite. « Amis, s'écria-t-il, une marmite c'est toujours autant de trouvé. » Il veut la lever... horreur... c'était le nez d'un marron mort qui dépassait la paille qui lui servait d'inhumation. Nous fûmes si épouvantés, ajoute le vieux guide, que nous partîmes à la course, comme si nous avions eu le diable à notre poursuite. Il dit aussi comme quoi, à lui seul, avec deux chiens, il avait arrêté cinq marrons, en s'élançant aidé de ses deux molosses au milieu de leur camp ; comme quoi un autre marron, nommé *Caille-Pas,* prit une éclatante revanche, lorsque colleté par *Bellecour*, il lui détacha un coup de poing qui lui fit mesurer la terre ; et enfin comme quoi l'intrépide chef de détachement, furieux de trouver plus fort que lui, s'élança pour riposter l'attaque, mais fut saisi par la peau du ventre, grâce au poignet de fer de l'indomptable *Caille-Pas,* qui le lança à quatre pas de distance, ce qui fit faire à Bellecour une honorable mais prudente retraite.

Dimanche, 28 *août*. — Nous partons au pas accéléré (car la caverne du *pas de Belcombe*, le seul point par où l'on puisse descendre dans le *parc* du Volcan, est à trois grandes lieues), et nous en aurons six d'allée et de retour pour notre ascension au Cratère, ce qui fera neuf dans la journée. Nous traversons d'abord une *moraine* d'une demi lieue, petit zahara au gravier fuyant sous nos pieds ; nous y trouvons des traces de cabris ; dans l'endroit où ils ont couché, le sable est battu comme une aire, et autour il est criblé de pas. Le guide se met à leur poursuite, mais inutilement.

Nous arrivons au Piton de *Sable*, d'où nous voyons la source de la Rivière de *l'Est*, séparée par une mince cloison de la ravine de l'Angevin. Cette proximité pourrait jouer un mauvais tour plus tard aux habitants de Saint-Joseph.

Nous atteignons enfin le *Pas de Belcombe*. Je l'ai reconnu, grâce aux indications que je devais à l'obligeance de M. Bernier, à cause du *formica-leo* qui se trouve en face au fond de l'entonnoir. Bory de Saint-Vincent a donné le nom de *formica-leo* à un petit cratère de sable dont le milieu offre une dépression semblable à celle des taupinières de l'insecte ainsi dénommé. Nous avons entrepris la descente qui n'est point facile. C'est en petit la raideur de la *plonge* de la Rivière du Mât, moins de longueur de chemin, mais presqu'autant d'escarpement... Nous voilà sur les laves dallées de l'hippodrome, il y en a une lieue à traverser avant de gravir le cratère. Elles affectent les formes les plus étranges, ce sont des gratons de mâchefer, des cables enroulés, des serpens aux mille replis, des myriades de tuiles plates dont M. Ch. Richard tirerait bon parti à Saint-Denis.

Nous montons pendant deux heures avec essoufflement, car la pente est abrupte, enfin nous voyons la fumée vomie par le *nouveau* cratère... La fatigue est oubliée, nous courons sur la lave. Nous nous élançons au but. Nous y touchons enfin. Nos pieds foulent le point culminant. Quel bonheur !!!... Dans notre joie d'enfant, nous avons la jactance de dire au cratère avec autant d'assurance que le capitaine Pamphile, le type renforcé des marins de la Ciotat, le chasseur d'hippopotames sur la rivière de Gambie : « Bagasse du Volcan, ah ! tu fumes la pipe, Diaouzélec ! Hé, pécaïre, nous fumerons la nôtre, nous aussi » et l'effet suit la parole, et les fumées volcaniques et nicotines se confondent à l'unisson dans la plus cordiale entente.

Puis, sans perdre de temps, nous marchons vers l'orifice du cratère dont la fumée s'échappe à gros flocons. Les abords n'en sont pas sans un certain danger ; ils sont recouverts d'une lave craquelée qui s'effondre sous nos pas et laisse, par places, des crevasses à l'instar de celle où s'engloutit, au Bénard, M. de la Roque-Chanfray.

Sur l'esplanade qui forme le pourtour du *nouveau cratère*, d'innombrables fissures laissaient échapper des *fumerolles* bleuâtres et dégageaient une chaleur ardente que nous sentions remonter vers nous. J'ai eu la curiosité de plonger le thermomètre dans la crevasse d'où s'échappait une de ces *fumerolles* ; il était à sept degrés à l'air ambiant, et il a précipitamment monté à trente-cinq.

Enfin, poussant la hardiesse jusqu'au bout, nous nous sommes placés au vent sur l'extrême rebord du cratère qui est tout plat sans bourrelet ni margelle ; en y plongeant les regards, le spectacle le plus étrange s'est déroulé à nos yeux ! La bouche ignivome a au moins une demi-lieue de circuit ; elle est ovale plutôt que ronde, et son excavation interne, qui n'a pas moins de 100 toises, est dallée de laves plates comme le fond de l'enclos du parc. Seulement, au centre, s'élève un mamelon conique en forme de pagode indienne. C'est le seul endroit qui lançât des flammes parfaitement perceptibles d'en haut, en plein midi, malgré un éclatant soleil. La paroi Sud-Est du cratère était carminée d'une lave rouge-cerise en pleine incandescence, simulant du charbon de forge embrasé ; et tout autour de la bouche énorme, à affleurer l'orifice, crépitaient de petits jets de fumée saturée d'acide sulfureux ; d'une odeur si gênante pour les poumons, que deux fois le vent, dans ses variations, ayant rejeté vers nous l'émanation pestilentielle, nous avons été obligés de fuir rapidement à demi suffoqués. Un phénomène dont nous ne nous rendons pas compte, mais dont nous sommes dix-neuf témoins à constater la réalité, est que, tout le temps que nous avons été exposés aux exhalaisons des fumerolles, nos figures et nos mains sont devenues d'un vert livide, et que ma montre d'argent s'est ternie de la même couleur qui y reste encore à l'instant où j'écris ces lignes. Les abords du cratère sont recouverts de milliers de vitrifications dorées, ténues comme des cheveux soyeux et fins.

O quel sublime spectacle ! Sous nos yeux l'énorme gueule de canon *éructant* la fuligineuse fumée ; sur nos têtes un radieux soleil, autour de nous un cercle d'horizon de trois cents lieues, perchés que nous sommes à la sommité de l'immense fournaise (7,875 pieds). O quel admirable panorama ! Quelles paroles rendraient nos sensations ? Quant à moi, du trop plein de mon cœur, je me borne à m'écrier en voyant ces cyclopéennes constructions soulevées dans les airs par un bras invisible, ces flammes allumées par la même main qui fournit son feu au soleil : *Te Deum laudamus, te Dominum confitemur.* Et quiconque, comme moi, descendra après avoir vu un si prestigieux spectacle, aura fortifié sa foi en l'omnipotence du majestueux Créateur des mondes.

Adieu, beau volcan, aussi digne d'être exploré que l'Etna et le Vésuve, nous te laissons pour carte de visite nos noms inscrits sur la lave, comme suit :

Bellerive Fontaine, Sénac Fontaine (les deux guides que nous recommandons aux voyageurs, ainsi que leur engagé Augustin, solide

porteur de paquets); Louis Héry, Théodore Vergoz, Hippolyte de Bé-
chenec, Victor Nogues, Dufour Brunet, Julien Féron, Henri Héry,
Emile Héry.

Lundi, 29 *août*. — Aux premiers rayons du soleil, le cratère émerge
comme une île d'une mer de vapeurs qui remplissent le pourtour du
parc. La température est âpre, nos lèvres sont gercées, le thermomètre
marque deux degrés. Il serait descendu au-dessous de zéro sans la
proximité de notre feu, car sur la crête qui domine la caverne nous
trouvons de la gelée blanche et de la glace de deux millimètres d'épaisseur.

Itinéraire du Retour.

Nous quittons la caverne *Belcombe*, nous dirigeant à l'Ouest. Nous
traversons une immense plaine de sable fin au bout de laquelle nous
trouvons la montée du *Piton des Sables*. Dans l'escarpement, les roches
sont enduites de verglas, ce qui les rend glissantes; au bout de la
montée des *Sables*, nous apercevons la tête de la rivière du *rempart*,
puis nous atteignons la source de la rivière de l'Est près de laquelle
est la caverne *des Sables*. Nous la visitons, nous y trouvons quelques
fraises mûres, et à peu de distance le guide nous montre, près d'un
énorme buisson de bruyère, le tombeau d'un marron mort, il y a 17 ans.
Il n'avait pu arriver jusqu'à la caverne. On l'avait trouvé sec comme
une momie, et aux trois-quarts enterré dans le sable dont, sans doute,
il avait cherché à se couvrir, pour se soustraire à l'âpreté de la gelée.
Ce tombeau est pour nous un mémento de prudence que la Providence
n'aura pas placé inutilement sur notre chemin. Nous marchons en
colonne serrée, ne laissant pas de traînards. Nous poursuivons notre
chemin vers la caverne des Lataniers, où nous voulons aller coucher
ce soir.

Nous sommes arrivés à la caverne *des Lataniers*; elle est un peu
basse, mais abritée, sèche et spacieuse. Nous y trouvons avec joie
inscrits les noms de MM. Bernier, Sainte-Colombe, Leroux, Finet et
Douyère. Cela nous prouve que nous avons suivi la bonne route. Le
gisement de la caverne des Lataniers est un plateau central d'où les
ravines divergent vers les quatre points cardinaux, ce qui prouve que
ce lieu est le partage des eaux pluviales. Nous espérions voir de là le
piton de Villers, mais la brume nous en empêche.

Mardi 30 *août*. — Ce matin il pleut, mais nous n'avons plus de vivres. La faim commande plus impérieusement que le froid, et nous partons. Cette pluie accompagnée de vent, par deux degrés de température au-dessus de zéro, nous accompagne pendant deux lieues, et nous donne l'onglée si cruellement que nos doigts ne peuvent plus tenir nos bâtons ; nous sommes réduits à les serrer sous nos bras. Grâce à une petite boussole portative, nous gouvernons plein Ouest à travers la brume, et enfin une éclaircie nous permet d'apercevoir le *Nez de Bœuf*, source de la rivière du *rempart*. Nous sommes sauvés ! Grâce à ce coin de mire, nous trouvons le versant du bras de Ponteau qui doit nous conduire à l'habitation Reilhac. Nous descendons dans le lit desséché du ravin et devallant de cascade en cascade, à l'aide de nos mains autant que de nos pieds, au bout de cinq heures de marche nous atteignons enfin le terme de notre pérégrination, et nous posons joyeusement les pieds sur le gazon frais de la plaine *des Cafres* traversée par la grande route centrale de Saint-Benoît à Saint-Pierre. Ici, notre tâche de Narrateur est accomplie, nous avons effectué l'itinéraire du Volcan, et nous pouvons maintenant, à notre option, retourner à Saint-Denis, soit par la partie Sous-le-Vent, soit par la partie du Vent. Nous choisissons cette dernière voie comme la plus courte.

Le parcours du trajet du Volcan, de Saint-Joseph par la ravine Vincendo à l'habitation Reilhac dans la *Plaine des Cafres*, peut s'évaluer à trente lieues. Nous l'avons effectué en cinq jours. Il en faudrait sept pour les personnes qui n'ont pas l'habitude de voyager dans nos montagnes. En traversant la Plaine des Cafres, nous y avons vu avec une vive satisfaction des troupeaux qui s'y gobergeaient plantureusement. Bœufs et moutons étaient dodus à faire l'éloge des pâturages qu'ils y trouvent. Nous n'avons pas été moins satisfaits, en traversant la *Plaine des Palmistes*, d'y voir les intentions bienveillantes du gouvernement local, déjà couronnées de succès. Partout des défrichements poussés avec activité, des maisons en construction, des plantations prospères. C'est donc avec le contentement de nous-mêmes et de ce que nous voyons autour de nous, que, malgré une pluie continue, nous sommes venus allégrement à Saint-Benoît faire notre halte de repos.

LES EAUX THERMALES DE CILAOS

Douze cents agriculteurs agglomérés à six mille pieds d'élévation dans le cirque intérieur le plus reculé de notre île ; un chemin accessible non seulement aux piétons, mais aussi aux chevaux, et aboutissant en pentes douces jusqu'aux lieux où le cabri marron ne posait naguère qu'un pas mal assuré, voilà des merveilles qu'il faut avoir vues pour le croire, et elles sont de la plus palpable réalité. Gratitude donc aux deux bienfaiteurs de Bourbon qui ont fait éclore de tels prodiges ! Honneur à l'obscur chasseur *Paulin Técher* qui, en 1828, découvrit les sources d'eaux thermales, cause première de la colonisation actuelle. Il est mort sans jouir du résultat de son utile découverte, mais son nom restera attaché à cette découverte précieuse, et le Pays lui devait un hommage posthume de souvenir. Honneur non moindre à M. Guy de Ferrières, dont les conceptions hardies et les sagaces investigations ont aplani des obstacles surhumains et ouvert avec le littoral une communication qu'un courage à toute épreuve pouvait seul oser, que seul le génie pouvait mener à bonne fin ! Aujourd'hui Cilaos est une population. Hier 140 hommes de milice y fêtaient, par de joyeuses salves, la visite désirée de M. le Gouverneur ; les plantations y prospèrent, les malades y affluent. Les commodités de la vie les y attirent, sûrs qu'ils sont d'être logés, nourris et choyés dans des pavillons dont les confortables emménagements sont dus à la sollicitude de M. Leu Payet, le directeur des eaux par excellence, le Cazeau de la partie Sous-le-Vent. C'est vraiment une satisfaction que d'avoir affaire à lui. Plein d'aménité dans les manières, accort, prévenant et serviable, il vous gagne le cœur par sa politesse cordiale et vous fait vivre aussi bien qu'à Saint-Denis. On mange à Cilaos de la volaille, de la viande de boucherie, des légumes, des petits pois et un beurre qu'on croirait de la Prévalaye et dont l'or devrait être renfermé dans ces pots de grès si connus des gourmets. Ce beurré si ferme et si parfumé est dû aux troupeaux de M. Paul Reilhac. Il sort des aromatiques pâturages du sommet de la plaine des Cafres, de cette savane odoriférante à la senteur du serpolet, dans laquelle se goberge un gros troupeau qui a une prairie de deux lieux carrées pour y prendre ses ébâts.

Vive donc Cilaos et pour les malades et pour les gens bien portants ! Ceux qui seront tentés d'y monter (et je les y encourage de mon mieux) auront à suivre l'itinéraire que je vais tracer.

Soit qu'ils sortent de Saint-Pierre ou bien de Saint-Louis, il faudra qu'ils viennent prendre la route à la jonction de la rivière Saint-Etienne et du bras Cilaos.

A peine le confluent des deux rivières est-il franchi que la plaine disparaît avec ses horizons lointains. La perspective se resserre entre deux remparts aux abruptes talus. Disons-le tout d'abord : le chemin de Salazie et celui de Cilaos diffèrent totalement. Celui de Salazie est frais, ombreux, riant, et gracieux comme la partie du Vent; celui de Cilaos plus âpre, plus pittoresque peut-être, est d'une étrangeté austère. La végétation y prend la livrée d'un climat torride dont la sécheresse est l'état normal. Les deux encaissements parallèles ont cette teinte gris-de-fer qui attriste tant le regard depuis Saint-Paul jusqu'à Saint-Louis. Les arbres clairsemés n'y montrent qu'un feuillage poudreux pendant la première lieue, sable *gris* au fond du torrent aussi aride que celui de Cédron, rocaille *grise* aux escarpements qui l'enserrent, feuillage *gris* sur les oliviers qui se suspendent aux crevasses du rocher. Là git la caverne *des Sables* juchée à mi-falaise dans une lave poreuse, friable, rongée par les pluies, vermoulue pour ainsi dire et criblée de trous dans lesquels les fouquets noires gîtent et pondent, ce qui leur attire la visite intéressée des créoles riverains. Ces intrépides grimpeurs ont l'audace, comme les habitants des Orcades, de se pendre à un long câble au-dessus du gouffre pour y faire capture des pauvres oiseaux de mer. Mais mal en arrive parfois aux ravisseurs. L'un d'eux, il y a trois mois, se fit descendre à califourchon sur un bâton au bout d'une corde, mais au moment où il faisait copieuse curée, il donna au câble qui le soutenait une secousse brusque. Le soubresaut détacha au-dessus de la tête du malheureux une roche qui lui défonça le crâne. Il essaya de se retenir à la corde, son ancre de salut, mais, vaincu par la douleur, il lâcha prise, écarta les bras en arrière et tomba au fond du torrent pour ne plus se relever.

Deux chemins s'offrent simultanément au-dessus de la caverne des sables : le chemin tracé dans les pentes, le plus doux et le plus sûr; le chemin du lit de la rivière, plus périlleux, mais de beaucoup le plus court. C'est celui que j'ai suivi comme le plus curieux à explorer au dire de deux guides. En effet, à une lieue de la caverne des Sables, vous entrez dans l'ilette de *Palmistes-foison.* Là commence la verdure, mais la verdure des quartiers secs, aux tons durs, aux reflets bleuâtres; à chaque contour de la profonde anfractuosité, la rivière vous barre le passage, et il faut se mettre dans l'eau qu'on traverse au moins quinze fois avant d'arriver au *Pavillon.* Au reste cette immersion répétée, ennuyeuse par sa fréquence, est un tonique salutaire. Elle affermit le jarret et délasse singulièrement le voyageur.

Après *Palmistes-foison* vient l'ilette *aux Figues,* charmante oasis où vous trouvez pêle-mêle, dans le désordre d'une nature sauvage, des annones aux fruits en forme de cœur, des pêchers aux roses rameaux, des bananiers au satiné feuillage, et les verts parasols de la songe. Ce verger africain aboutit au *Violon,* qu'on devrait plutôt appeler *la Harpe* s'il doit son nom à des prismes basaltiques tendus comme des cordes et alignés à distance comme des tuyaux d'orgue.

Là les deux remparts s'élèvent tout à coup jusqu'aux nues comme pour mieux abriter l'ilette *au Café,* riche alluvion plantée des plus robustes caféiers que j'aie rencontrés sous le vent. Gros comme la cuisse, ils ont le port de nos girofliers et sont couverts de la plus éblouissante floraison. C'est une neige à la vanille. Aussi on regrette d'avancer, et comme la femme de Loth, on retourne en arrière la tête, quand de plein saut on tombe de l'ilette *au Café* dans *le Serré,* l'endroit redouté, le lieu néfaste du profond défilé que vous parcourez. C'est passer des jardins d'Armide aux rochers du Caucase. En ce lieu tout est menace. Les deux parois verticales se rapprochent comme le sixième étage des vieilles rues de nos cités du moyen-âge, à ce point que dans l'étranglement le plus étroit, il ne reste pas un entre-deux de vingt-cinq pieds. Ce terne soupirail plonge dans une lugubre obscurité les affreux rochers sous lesquels gronde, écume et mugit l'eau tourmentée de la rivière.

Vers la fin de l'année dernière, un épouvantable éboulis obstrua pendant plusieurs jours le lit du Cilaos, et cette digue forma un lac d'une immense profondeur. A une demi-lieue du Serré, adossée au Cap, se trouvait la cabane d'un forgeron. Quand la digue creva, les eaux refoulées par le rétrécissement du Serré, s'élevèrent à cent cinquante pieds et entraînèrent la pauvre case avec tous les meubles et outils du propriétaire dont la ruine fut complète, car le terrain adjacent fut engravé d'une épaisse couche de pierres.

Au-dessus du Serré, à *Madinten,* autre désastre à constater. Là, adossés à un rempart à pic par où la fuite était impossible, 18 personnes, pendant notre terrible ouragan de 1850, envahies de trois côtés par les eaux furieuses, n'ayant plus l'abris de leurs cases dont les débris gissent encore sur le sol, se réfugièrent, pendant trois jours pour échapper à une destruction inévitable, dans une étroite caverne, véritable terrier de blaireau, où, sans feu, sans aliments cuits, transies de froid et d'humidité, elles attendirent, avec l'impérissable espoir qui n'abandonne jamais le cœur de l'homme, le premier rayon du soleil qui devait les rendre à la vie.

Un peu plus loin que *Madinten* est le Cap-Rouge. Là, du fond de la rivière, on nous montra, à quatre-vingts pieds au-dessous du chemin, un olivier sauvage sur la cime duquel est resté appendu le corps mortellement blessé de l'infortuné et si regrettable M. Ives Le Bidan. Le cheval qui l'avait précipité dans le gouffre a roulé des centaines de pieds plus bas, jusqu'au fond de l'escarpement dont les lambeaux de ses chairs ont ensanglanté les br es. Mais nous tenons à constater, ayant vu les lieux le surlendemain de ce malheur, que l'irréparable accident est dû bien plutôt au cheval, qu'à la localité. On tomberait en pareille occurrence aussi funestement et aussi inévitablement des rampes de la montée de Bernica ou de celle de Saint-Denis, qui comme celle de Cilaos, sont sans parapet.

Enfin nous sortons du lit de la rivière pour n'y plus rentrer. Nous buvons copieusement pour la soif à endurer pendant le trajet de six lieues qu'il nous reste à faire. Heureusement que nos appréhensions étaient mal fondées. Des sources traversent la route de quart d'heure en quart d'heure.

Ha! nous voilà à moitié chemin, au *Pavillon*, halte commode, où l'on mange le jour, où l'on dort la nuit, bonne et solide maison en planches, couverte en bardeaux, avec une varangue et un vaste hangar. Nos yeux ne sont plus captifs dans leur prison de pierre ; les deux remparts s'ouvrent en un cirque de plusieurs lieues d'étendue. Ce cirque a son enceinte hérissée d'aiguilles effilées et de crêtes aiguës parmi lesquelles se font remarquer le *bonnet carré*, gigantesque coiffure de lave de 1,800 pieds, qu'on croirait sculptée de main d'homme, et un obélisque aussi penché que la fameuse tour de Pise. On ne sait vraiment à quoi tient son équilibre. Il semble que le souffle d'un enfant suffirait pour faire crouler cette pesante masse. Nous montons, nous montons toujours. Le sinueux chemin dessine ses interminables méandres dont rien ne dissimule les replis dans une déclivité d'une aridité complète. Tout à coup, un œil de cyclope s'ouvre à fleur de terre devant nous. Merveille inattendue ! C'est un souterrain qui fore de part en part une montagne de trois cents pieds de haut. Ce *tunnel* terrestre, de cent pas au moins de longueur et que le célèbre *Brunel* ne désavouerait pas, s'enfonce dans les entrailles de la lave au sein de noires ténèbres ; quand on s'y plonge, d'abord froid glacial, quelques instants après, dans un lointain fantasmagorique, faible lueur crépusculaire qui, de pas en pas, devient jour naissant, puis clarté lumineuse, et à l'issue

éclatant soleil... A peu d'intervalle, ce premier tunnel est suivi d'un
second encore plus long. On reste transporté d'admiration en voyant au
centre de nos montagnes des monuments dignes des Romains, des
chefs-d'œuvre si grandioses que tous ceux qui n'ont pas vu le *tunnel*
sous-jacent de la Tamise ne peuvent se faire de ceux-ci une idée qui
approche de la réalité. Au-delà des deux *tunnels* on se trouve presque
au cœur de l'Ile. Les pics les plus sourcilleux enclosent l'horizon.
Derrière vous le *Grand-Coteau* de Saint-Pierre ; à droite, le rempart de
la rivière *Saint-Étienne ;* devant vous le *Piton des Neiges ;* à gauche le
Grand-Bénard ; tout autour, verdure sur les hauts sommets, mais dans
l'enclavement, sous les pas du voyageur, cendre légère et stérile
gravier ; l'aridité va toujours croissant jusqu'au Cap-Noir !

Oh ! le hideux endroit ! rien n'en égale l'horreur. Le voyageur en le
doublant reste pétrifié. Qu'on se figure un *rictus* de douze cents pieds
de profondeur sous vos pas, de trois mille de hauteur sur vos têtes.
Véritable gueule de vampire prête à se refermer sur vous ; horrible
enfer de charbon de terre, noir comme l'antre de *Cacus,* au fond
duquel des scories tranchantes en forme de mâchoires carnassières
semblent béer pour quelque proie... C'est hideux, épouvantable à contempler ; ce serait plus épouvantable à traverser sans la sécurité
qu'inspire le chemin. Taillé dans le roc vif, il offre l'assiette la plus
solide. « Il ne cause d'autre frisson que celui du danger supposé. Si je
« n'étais pas aussi solidement appuyé, pense-t-on, comme je roulerais
« de gouffre en abîme aussi lacéré, aussi agonisant que Régulus dans
« son tonneau hérissé de pointes de fer. » Et le bonheur d'échapper
ainsi à l'effroyable péril imaginaire vous fait promener avec une espèce
de charme un œil assuré sur des dangers dont vous avez la conscience
d'être exempt. C'est absolument le

Suave, mari magno, turbantibus æquora ventis,
E terrâ, alterius magnos spectare labores.

Regardez-le bien une dernière fois, le cap-Noir ; car, après lui, chan-
gement de décoration. Une douce inclinaison vous fait descendre à la
Plate-forme d'où se précipite en bouillons d'albâtre la plus hardie
cascade de toute la route ; puis, à la montée de revers, adieux joyeux à
cette couleur plombée du terroir qui fatiguait incessamment vos yeux..

Ah ! ah ! voici des châlets coîtement blottis aux abris de la montée.
Voici des fraises et des framboises, des champs de petits-pois, des
carreaux de lentilles, de pommes de terre. Nous sommes parvenus à la
zone printanière pour l'horticulture de Cilaos. L'air est devenu frais et
moite. Les arbres ont reparu, vous voyagez sous les arceaux formés

par leurs branches entre-croisées. Oh ! le beau climat ! Quelle transparence d'air ! quelle lucide diaphanéité particulière aux hauts-lieux de
la partie Sous-le-Vent ! quel suave horizon ! C'est le ciel des Canaries.
Au surplus, dépêchons-nous d'admirer, nous touchons au terme du
voyage. Encore une montée et le printemps cédera la place à la région
hyperboréenne... Nous y entrons. Bruyères, lichens, mousses, le tout
blanchâtre ou roussi par la gelée. Triste steppe rase ou grelotte une
rachitique végétation. Au bout de la steppe, profonde ravine abritée, au
fond de laquelle foisonnent les logements des baigneurs et jaillissent
les sources fumantes des eaux thermales.

Diable ! mais quelle élégance ! Comme M. Leu Payet fait bien les
choses à 7,800 pieds au-dessus des citadins de la capitale. Qu'est-ce
qu'on nous disait donc, *outre-monts*, qu'à Cilaos, pour se baigner on
s'enfouissait dans le sable, comme les Bédouins en train de faire leurs
ablutions ; qu'à Cilaos on mourait de faim ; qu'à Cilaos on ne trouverait
pas de gîte ? Et voilà de charmants pavillons, une trentaine au moins,
planchéiés, plafonnés, voire même coquettement tapissés ; et voilà des
baignoires creusées dans le roc, pleines d'une eau limpide qu'on renou-
velle à chaque bain, couvertes d'une guérite de chaume dont l'entrée
se ferme au moyen d'un rideau de serpillère. N'était la hauteur des
montagnes, on se croirait à Dieppe ou à Pornic. Et de plus, on vous
fournit des lits, des matelas, draps et couvertures, de la bougie, de la
vaisselle ; et vous trouvez à Cilaos des œufs à 3 sous, des poulets à
40 sous, du miel vert à un franc la bouteille, des fraises et des petits-
pois à meilleur compte qu'on ne les paierait à *Brives-la-Gaillarde!*
Mais c'est un pays de cocagne que Cilaos ! Et M. Leu Payet a entrepris
une excellente spéculation que son entregent et ses affables manières
couronneront d'un prompt et entier succès.

Les sources chaudes jaillissent de terre tout près les unes des
autres. Le degré de chaleur varie de 20 degrés à 31 et demi. Une seule,
isolée et plus bas placée, donne 38 degrés de calorique. L'eau, ferru-
gineuse, de saveur salée légèrement acidulée, est beaucoup plus
chargée de matières minérales que celle de Salazie. Le goût en est
nauséabond et flatte infiniment peu le palais. Mais en revanche quel
délice en arrivant de la pénible ascension, qu'un bain chaud dans les
sources thermales ! Comme on s'y plonge avec volupté ! Comme on s'y
caline nonchalamment ! Les membres raidis par la fatigue se détirent et
s'assouplissent mollement, et vous sortez de là aussi fort, aussi ravivé
qu'Antée quand il avait touché la terre.

Ce matin, 9 septembre, la messe a été célébrée sous une tonnelle
circulaire de feuillage, ornée de fleurs des bois, adossée au ruisseau
des sources. Cette cérémonie religieuse empruntait de la localité un
charme indéfinissable. L'ermitage improvisé à six mille pieds dans les

airs par les soins du zélé et excellent M. Simon, curé de Saint-Louis, le colossal *Piton des Neiges* qui le surmontait de son immense coupole, le *Grand coteau* qui, en forme de tour, se profilait au devant, l'humble prière dont les accents voilés s'harmonisaient au murmure du torrent voisin et au gazouillement des oiseaux qui voletaient sur la toiture de bruyère du temple rustique, tout un pareil ensemble faisait de cet acte du culte une offrande à Dieu aussi gracieuse que celles qui jadis paraient les délicieuses *pampas* du Paraguay. Dieu autour de nous se manifeste si hautement par ses admirables œuvres, que l'hommage du culte monte vers lui avec effusion d'amour et de religieuse reconnaissance. On pouvait s'écrier, comme un de nos plus illustres philosophes au sortir de l'ermitage du mont *Valérien* : « Ici Dieu parle au cœur, et « on éprouve un sentiment de paix et de bien-être qui pénètre l'âme. » Certainement, c'était, à mille lieues à la ronde, le point le plus élevé du globe d'où se soit élevé, à pareille journée, vers le Créateur des mondes, un hommage d'adoration. L'autel champêtre avait déployé quelques jours auparavant une solennité inusitée à l'occasion de la visite de M. le Gouverneur, et à la fin de la semaine les splendeurs religieuses que peut comporter la nouvelle colonie, y grouperont une centaine d'hommes autour d'un tabernacle aussi rustique que l'autel de bois qui appelle des forêts les plus sauvages des Waldstœtten en Suisse, les pasteurs d'Uri et d'Underwald.

Joignons l'utile à l'agréable, en effleurant une question étrangère au tourisme. Bien que M. Textor de Ravisi ne parle pas volontiers de ses travaux, et quelque soit sa discrétion à cet égard pour laisser toute latitude au Gouvernement, il a transpiré des rapports faits par lui sur des faits intéressants pour l'avenir de la Colonie. A lui est due la démonstration logique de toute l'importance du chemin de la *Plaine* au triple point de vue 1° des opérations militaires en cas de guerre; 2° de la facilité de communications entre la partie du Vent et Sous-le-vent ; 3° de l'exploitation des hauts de *Saint-Pierre*, de *Saint-Benoît*, des plaines des *Cafres*, des *Palmistes* et de leurs annexes. Nous avons aussi appris de lui-même, en lui demandant un itinéraire d'exploration, que la *Grande montée*, point *culminant* du chemin de la plaine, était aussi le point stratégique de l'Ile de la Réunion. Que de ce point central nous pouvons, nous autres touristes, nous rendre dans toutes les *highlands* intérieures. La Grande montée est donc le grand point de départ de nos excursions. Qui empêcherait qu'elle ne devînt également celui de la viabilité de nos différents quartiers jusqu'à présent si peu reliés entre eux ? J'ai vérifié par moi-même, le bâton de maho à la main, tantôt la sueur au front, tantôt l'onglée aux doigts, combien les assertions de M. Textor (c'est-à-dire que le *volcan* et ses savanes, les pentes du *Piton des Neiges*, le cirque de Salazie, enfin la plaine des *Salazes*, autre vaste vallée intérieure perdue et ignorée dans ses remparts accores, et attendant sans doute la colonisation des plaines des Cafres et des Palmistes); j'ai apprécié, dis-je, combien ses assertions sur toutes les localités précitées sont nettement précisées et rigoureusement oxactes. Le cirque de Cilaos me restait à voir, et en le visitant j'ai été frappé de l'avantage et de la facilité qu'offrirait une route d'embranchement qui rattacherait cette intéressante colonisation au chemin de la Plaine. J'ai soumis humblement mes idées à l'expérience de M. Textor, en lui demandant le tracé présumable de la route que mon imagination se disait à jalonner, et voici les documents qu'il a eu l'obligeance de me communiquer.

« De la *Grande montée*, il faut se rendre au *Coteau maigre*, limite de « la plaine des Cafres, en laissant sur sa gauche le *Piton bleu* et le « *Piton de torture*. Delà on se dirige sur la pente des Embrevattes d'où « l'on descend au plateau de Cilaos qui est attenant aux sources « thermales. »

Cette route signalée par M. Textor m'avait aussi été indiquée sur les lieux par les habitants qui en désirent vivement la réalisation. Combien je m'estime heureux d'avoir obtenu les communications bien-veillantes de M. Textor dont les aperçus en pareille matière ont tant de poids ! Ses rapports, nous le savons, ont été appréciés comme ils le méritent par le Gouvernement, mais ils sont si peu connus de la presse et de la population, et le pays gagnerait tant à les voir mis en évidence !

Encore monter, m'écriai-je au bout de deux jours, en me mettant en route avec un excellent guide nommé Alexis Schmidt, pour revenir de Cilaos, et en regardant le talus décourageant qui forme le revers du *Piton des Neiges* ; encore monter ! moi qui ai gravi montagnes sur montagnes pendant douze lieux. En vérité je suis à bout de force et de courage. Et pourtant

« To be or not to be that's the question. »

18 lieues de retour par Salazie ou 33 par le littoral, voilà l'alternative. Mieux vaut courte et rude, ai-je dit en prenant la route *des Mares* pour débouquer à quatre mille pieds plus haut (nous sommes déjà à six mille) sur le *Piton des Neiges*, et pour dévaler de là à la ramasse par la montagne russe qui plonge de la caverne *Mussard* en *Terre plate* à Salazie.

C'est une bien cruelle, bien atroce fatigue que l'ascension du revers des Salazes par la pente d'Embrevattes. Mais elle présente de ravissants paysages. Rien de plus riant, de plus frais que les villages disséminés à la base du *Piton des Neiges*, à partir de la plaine *des Étangs*. Ce sont de proprettes cases couvertes en bardeaux, entourées de champs de seigle et de blé dont les épis ondoient sur des tiges de six pieds. Ces champs sont espacés par des cultures de pommes de terre dont quelques-unes grosses comme des patates Sully pèsent jusqu'à trois livres ; des ruches entourent les chaumières ; on se croirait en France, et l'illusion est d'autant plus douce qu'on sort à l'instant d'une nature aussi africaine que possible. Après cette charmante oasis, il faut gravir les scabreux revers, tâche pénible, et périlleuse surtout dans deux escarpements, le premier nommé *la Racine,* parce qu'on se hisse vraiment de racine en racine, agissant plus des mains que des pieds ; le second (plus perfide que l'autre) est appelé l'*Éboulis* de 1806. Là, dans une pente de 80 degrés, les pieds ne s'appuient que sur un gravier mouvant qui fuit sous leur pression, au risque de précipiter le voyageur à 400 toises de profondeur. Mais aussi cette terreur est la dernière. L'éboulis franchi, vous n'avez plus que la montée du *Nez de Cazeau* qui vous jette inopinément sur l'arête du *Piton des Neiges,* si tranchée en cet endroit qu'à dix pieds de l'escarpement de Saint-Louis s'incline déjà la pente de Saint-Benoît. Tout près on trouve de l'eau fraîche pour calmer la soif ardente dont on est dévoré à la caverne *du Four,* la plus vaste et la mieux abritée que j'aie vue dans l'île. Nous y avons trouvé un briquet, des bouteilles vides et des *ampondres* de palmistes cousues de manière à servir de citernes pour conserver l'eau. Rendu là, je me suis vu sauvé et jouissant en expectative de mon prochain retour à Saint-Denis dont me séparait seulement désormais la pente qui plonge sur Salazie ; et une fois à Salazie le chemin a été facile pour des jambes qui, à travers les mornes les plus accidentés, venaient de faire quarante-trois lieues en cinq jours.

LE BÉNARD

Bien des fois, dans mes explorations de l'intérieur de l'île, j'avais contemplé avec admiration l'énorme massif du Bénard, mais toujours j'avais rencontré entre lui et moi son infranchissable muraille de 1,400 toises d'escarpement et de dix lieues de longueur, du haut de laquelle il semblait me dire : « Viens me voir si tu l'oses... » Je redescendais en lui montrant le poing et en lui jetant cette menace : « Va, va, je chercherai et je chercherai, et je trouverai l'occasion de visiter tes glaciers et de regarder d'en haut les hardis talus que tu es si orgueilleux de montrer d'en bas ! » Enfin, en 1852 l'occasion s'est offerte belle : vacances du 14 août, brise carabinée, par conséquent bise glaciale dans *les hauts*, et temps de gelée s'il en fut. Aussi, de même que les marins quand un grain tombe à bord, je me suis écrié : Attrape à monter au Bénard, et vivement !

De la Possession, où j'ai pris pour guide le fameux Alidor Thomas, ancien sous-chef de *détachement*, j'ai dirigé mon ascension en steeple-chase à travers l'habitation Troussail, si pittoresquement étagée sur la déclivité de la rivière des Galets, au bout de laquelle j'ai gravi le chemin de la Plaine ; puis, tirant une diagonale qui longeait la chapelle du Bois-de-Nèfles, j'ai orienté au Sud-Ouest, à travers les champs de cannes et les pièces de maïs, pour arriver à la première halte nommée le ravin des *Deux bras*.

C'est une terre de promission que le sol des hauts de Saint-Paul ! si l'on n'y trouve pas des grappes de raisin à fournir la charge de deux hommes, on y voit des régimes de bananes d'un poids à essouffler deux Cafres. Il ne lui manque ni la graisse du terroir, ni la rosée du ciel ; les maïs de dix pieds de haut y étalent sur chaque tige trois ou quatre épis, c'est un grenier d'abondance. Et quelle ravissante perspective de l'Indostan que la ville de Saint-Paul vue des hauteurs, avec ses maisons malabares, ses panaches de cocotiers, ses grappes de dattes, ses rizières vert-tendre, et ses champs de cannes qui enceignent le fameux étang si cher aux myriades de canards qui s'y ébattent, et constamment sillonné par des pirogues évidées, à la forme madécasse, qui se meuvent sous la pagaïe du pêcheur. On tourne bien souvent la tête pour contempler cette scène enchanteresse, on fait une longue station quand la magnifique vision est sur le point de disparaître aux regards ; puis, avec regret on s'immerge dans la sombre forêt de six lieues qui sert de poste avancé à des sites de tout autre nature. Nous la traverserons vite dans notre description, car à Bourbon toutes les forêts se ressemblent ; on marche à l'ombre fraîche d'arbres séculaires pendant la première heure jusqu'à un monticule appelé le *Pain de Riz*, et du Pain de Riz, pendant deux heures encore, jusqu'à la *Grande-Montée*. A ce nom néfaste dans nos montagnes, l'imagination s'effraie, et les voyageurs se cabrent, car la dénomination de Grande-Montée sonne mal dans les pérégrinations des hauts. Je ne sais quelle divinité ennemie des Touristes a prodigué les grandes montées dans notre Ile pour faire niche aux curieux : témoin la grande montée de la plaine des Cafres, surabondamment maudite depuis que sa lave rêche râpe la chaussure des piétons ; témoin la grande montée de la *Langue à la main*, qui faillit nous rendre asthmatiques lors de l'exploration de la plaine des Chicots ; témoin la grande montée *Panon*, qu'il fallait affronter avec autant de répugnance qu'une dix-septième dose de remède Le Roy, avant la confection de la nouvelle route de St-Leu ; témoin, enfin la grande montée du Bénard, que Démosthènes ne se serait pas hasardé d'escalader avec des cailloux dans la bouche, pour la plus belle période à quatre membres qu'on lui eût promise à son choix. Cependant, comme la grande montée était dans le programme, force nous a été de l'assaillir, la rage au cœur et les imprécations à la bouche. Toutefois, ne médisons pas trop des grandes montées ; elles ont leur utilité dans le meilleur des mondes possibles. Sans les grandes montées, le voyageur courrait risque d'étouffer d'une pléthore de mauvaise humeur rentrée. Les grandes montées ouvrent la soupape de sûreté des locomotives outre-nues. Quand le patient s'y heurte, l'épanchement de rancune amassée s'y fait bruyamment, les vociférations éclatent, la bile flue en évacuation salutaire, et le voyageur désobstrué ne conserve, pendant le reste du trajet, que la dose de maussaderie acidulée que comporte sa position.

Au sommet de la Grande-Montée, les arbres se rabougrissent, la végétation décroît, et cet indice d'une région hivernale vous conduit pendant trois heures jusqu'à la *Savane*. Vous entrez alors dans la zone du Bénard, zone triste, nue, frileuse et décolorée, comme les hautes terres de notre Ile qui dépassent une élévation de mille toises. Le découragement vous envahit le cœur, une aigre froidure vous pince les doigts et les oreilles, vos yeux pleurent, votre nez leur tient compagnie ; sensibilité qui étonnera, de la part du nez, les habitants *des bas* qui ne s'en seraient jamais doutés. Vous soufflez dans vos mains pour conjurer l'onglée, mais elle s'empare de sa proie avant que vous atteigniez la caverne du *maïdo*, située à sept mille pieds d'élévation. Là vous trouvez, pour boisson, de l'eau qui vous gèle les dents ; pour légumes, des brèdes de *patience* ; pour combustible, de maigres brindilles de bruyères. Pourtant nous avons été heureux de trouver un tel gîte, car la nuit approchait, et la brume était si épaisse qu'on ne voyait point à dix pas, si froide qu'elle poudrait de givre nos paletots de drap, ce qui nous donnait l'air de meuniers enfarinés.

A partir de la caverne de Maïdo, vous êtes en plein Bénard. Vos yeux errent à perte de vue sur une steppe d'un blanc cendré, rayée de bandes noirâtres d'une lave pulvérulente. Le frisson fait claquer vos mâchoires, la terre glacée craque sous vos pas, et au bout de quatre mortelles heures vous arrivez enfin à la *Glacière*. Rien de plus étrange que cette localité, et je m'en faisais une très fausse idée. Figurez-vous, dans un chaos de roches *soubresautées*, une large gueule de baleine... voilà l'entrée de l'immense caverne au pourtour de laquelle gissent cinq cavités dans l'une desquelles se trouvent empilés quinze pieds de glaçons de trois pouces d'épaisseur. La température s'abaisse tellement dans cet antre, que la respiration s'y solidifie, pour ainsi dire en vapeur compacte, et que le froid y devient douloureux. Dès que la curiosité est satisfaite, on va sur les rochers adjacents chercher les inutiles rayons d'un soleil plus froid que celui de l'Angleterre.

C'est une *contrée* que le Bénard : vous avez une dizaine de lieues carrées à parcourir ; mais c'est une contrée du Labrador ou de la Sibérie triste à l'œil et âpre au corps. Le point culminant se nomme la *Pointe.* Après le piton des Neiges, c'est la plus haute sommité de l'Ile. Elle se dresse à 8,400 pieds dans les airs. Près de là on trouve la caverne de *Phaons.* On a grand soin de l'indiquer aux voyageurs. Cet ancien Roi des grands marrons (car tel était le titre qu'avait pris ce Soulouque de Bourbon) avait ses gardes, sa hiérarchie, sa haute justice qui consistait à faire précipiter les délinquants du haut d'un escarpement de huit cents toises. Il trônait sur un fauteuil qu'il avait fait tailler dans le roc et que l'on voit encore aujourd'hui. *Phaons* avait aussi pratiqué dans sa caverne des meurtrières par lesquelles il tirait sur les détachements avec deux fusils qu'avait trouvé moyen de se procurer sa majesté marronne. Notre guide, Alidor Thomas, ne tarissait pas sur l'éloge de *Phaons* dont l'audace allait à son intrépidité de chef de détachement, intrépidité grande, comme vous l'allez voir par le trait suivant.

Trois chinois dont deux étaient incarcérés à la geôle de Saint-Paul, par suite d'une condamnation pour meurtre, trouvèrent moyen de s'évader, et, pour dépister la justice, ils n'imaginèrent rien de mieux que de monter au sommet du Bénard, bien sûrs que les gendarmes n'iraient pas courir à pied à leurs trousses, et affronter, à leur poursuite les rhumes de cerveau qui ont fourni tant de lazzis à Odry. Mais nos chinois avaient compté sans le détachement dont faisaient partie Alidor Thomas et Montchéry Dary. Comme il n'était bruit que de l'évasion des chinois, et que le Gouvernement promettait une récompense à qui réintègrerait à la geôle des malfaiteurs si dangereux pour le pays (car les deux condamnés avaient emporté avec eux de longs couteaux dont ils se servaient aussi volontiers que les Espagnols pur-sang de leurs *navajas*), Alidor Thomas et Montchéry Dary, passionnés du désir de faire cette précieuse capture, dirent à leurs compagnons de monter à leur suite le lendemain, et prirent les devants pour aller coucher à la *caverne des Pêches*. Montchéry, le jour suivant, dit à Alidor (il paraît qu'en tout pays les hommes des montagnes sont superstitieux) : « Mon ami, j'ai rêvé, cette nuit, que trois bœufs rouges s'élançaient sur nous. » — « Cela veut dire, riposta en riant Alidor à son collègue, que nous nous trouverons face à face avec nos chinois rouges aujourd'hui ; en avant donc, et bonne chance ! (Nous continuerons désormais à laisser parler Alidor.)

« En approchant de la *caverne Gabriel*, nous aperçûmes un homme qui en sortait pour aller chercher de l'eau. Je soufflai à l'oreille de Montchéry : « Un homme rouge ! ce sont les chinois ! ton rêve s'est réalisé. Ils sont à nous ! mais soyons prudents, nous n'aurons ces hommes-là que par la ruse. Nos gens de Saint-Paul savent où nous allons et viendront plus tard nous rejoindre. »

Nous approchâmes en tâtonnant, prenant les allures de noirs marrons (le teint des deux héros est assez foncé pour aider à la vraisemblance), et nous nous présentâmes comme tels aux trois chinois, qui nous accueillirent avec d'autant plus d'empressement que nous apportions des vives dont ils manquaient ; nous les engageâmes à descendre au champ de pommes de terre sauvages de *Kelval*, proposition qu'ils acceptèrent avec des transports de joie. Nous nous coulâmes dans un cassé profond qui y conduisait, et avant d'y plonger je laissai des traces pour déceler ma route à nos hommes, qui devaient nous suivre pour nous prêter main-forte. Les chinois étaient armés de leurs longs couteaux et je sentais que, tant que je ne les désarmerais pas je ne pourrais me rendre maître d'eux. Je surveillais leurs mouvements, quand j'aperçus M. Rioul Cerveaux qui descendait le rempart. Les chinois me firent signe qu'il fallait l'assommer à coups de pierres. Je hochai la tête en disant : « Ça blanc chasseur, il ne s'occupe pas des marrons, laisse passer. » Quand M. Rieul passa près de nous, je lui fis signe que je tenais les Chinois, pourvu que le secours m'arrivât. Par un geste il me donna à entendre que nos gens nous suivaient à la dérobée, puis il marcha vers nous. Alors prenant une voix menaçante : « N'approchez pas de notre camp, lui criai-je, et retournez d'où vous venez. » Il rétrograda, et les Chinois enchantés perdirent toute défiance. Pendant deux jours je partageai la caverne avec eux, attendant toujours le renfort. Le troisième jour, je vis des têtes qui se levaient derrière les touffes d'ambavilles. Le moment était venu. Les Chinois étaient à peler des songes avec leurs grands couteaux. Je leur montrai un bout de tabac et leur demandai s'ils voulaient fumer. Ils jetèrent un cri de joie. « Donnez-moi alors, leur dis-je, un de vos couteaux et je vous hacherai la provision de la journée. » L'un d'eux se dessaisit de l'arme tant convoitée ; mais comme il me fallait les deux coutelas, tout en hachant la carotte, j'appuyais la pointe du couteau sur un bois pour empêcher le tranchant de couper. La besogne n'avançait pas et je feignais de trépigner d'impatience. Brusquement je dis : « Donnez l'autre couteau pour affiler cette vieille scie qui écrase le tabac en miettes. » Le second Chinois me regarda d'un air sournois, et fit semblant de n'avoir pas entendu. Alors, déterminé à risquer le tout pour le tout, je pris dans le feu un gros tison, je le plongeai dans la terre humide entre moi, qui étais près de la porte, et lui qui était au fond de la caverne... Une épaisse fumée l'aveugla, je me ruai dans l'obscurité, lui ravis prestement son arme homicide, et je jetai à Montchéry les deux couteaux. Nous les tenons ! exclamai-je d'une voix de tonnerre qui attira dans la caverne dix auxiliaires du détachement, et les Chinois désarmés virent qu'il fallait subir la loi du plus fort. Deux se résignèrent, le troisième plus entêté protesta qu'on le tuerait mais qu'on ne l'emmènerait pas à Saint-Paul. Allez, vous, dis-je à mes compagnons, chargez-vous des deux autres, moi je réponds de celui-ci. » Je le soulevai violemment, je lui mis un des poignets sous mon bras, et m'attachant à lui je lui dis : « Tu nous suivra bon gré mal gré, sur les pieds ou sur la tête, quand je devrais mettre une semaine à dégringoler jusqu'à Saint-Paul. » Alors il me jeta un regard aigu, fit un bond violent sans pouvoir se dégager, et finalement, se soumettant en apparence, il se laissa traîner à la remorque. Nous cotoyions le cassé de la *Corde* où il n'y a pour chemin qu'une étroite saillie de roc entre deux précipices. Arrivés à un endroit où une paroi perpendiculaire de trois cents pieds s'excave abruptement, le Chinois fit un effort désespéré et, s'attachant à moi, il s'élança sur l'abîme ; les pieds restèrent suspendus dans le vide. Ma force me sauva. Je le rabattis dans le chemin, et, poussé à bout, je le traînai si rudement sur le sol qu'il déclara qu'il marcherait, attendu, ajouta-t-il, qu'il trouverait moyen d'abréger son supplice. S'il ne tînt pas parole, ce ne fut pas sa faute, car le soir nous menions nos Chinois puiser de l'eau pour la nuit, et le récalcitrant avait trouvé moyen de nous dérober un bout de corde. Tout à coup on s'aperçut de sa disparition. On regarda et on le vit pendu à une branche d'olivier. Il était déjà asphyxié et serait mort si son compatriote ne lui eût pratiqué au cou une copieuse saignée avec un *enbout* de pipe. Par suite de quoi, au bout d'une heure, il fut sur pied.

Le lendemain il renouvela avec une autre corde sa tentative de suicide ; mais nous ne le quittions plus des yeux, et il fut surpris avant d'avoir passé à son cou le fatal cordon. Depuis lors il se laissa insouciamment conduire par nous, et nous remîmes enfin entre les mains de la justice les scélérats qui étaient devenus l'épouvante du quartier Saint-Paul.

Disons, par forme de réflexion, que c'étaient de fins hommes que ces anciens chefs de détachement, et qu'ils avaient l'âme énergiquement trempée !

En somme, c'est un curieux voyage que celui du Bénard ; curieux pour ses points de vue encore supérieurs à ceux de la plaine des Chicots ; curieux pour sa glacière unique dans son genre à Bourbon ; curieux par son excessive hauteur, qui y rend la respiration si précipitée et l'air si rare que malgré le froid qui vous fige la moelle des os, une soif ardente vous contraint de boire à chaque demi-heure. D'ailleurs ce voyage est, de tous ceux de l'intérieur, le plus facile. Avis cependant à ceux qui tenteront l'ascension du Bénard. La crête du rempart, depuis le chemin *Desbassayns* jusqu'à la *Pointe*, est crevassée de fissures traîtresses qui engloutiraient un imprudent avant qu'il eût le temps de dire : à mon secours! On peut en demander des nouvelles à un capitaine de vaisseau qui entreprit le voyage, il y a douze ans, avec Messieurs Fitau, Laffon et Joson Mottet. La caravane se trouva surprise par la nuit avant l'embranchement du sentier Guillaume, et s'obstina à poursuivre sa route. Tout à coup le capitaine jeta un cri et disparut. Il venait de sombrer dans les entrailles de la terre. Était-il vivant, était-il mort? Comment s'en assurer? On fit halte, on dépêcha à la glacière, distante d'une lieue et demie, un coureur pour y demander une longue corde. Il fit diligence et revint avec le câble de sauvetage. On jeta, pour que le capitaine pût le saisir dans l'obscurité, des tisons enflammés au fond de la crevasse. Ils lui procurèrent une lueur suffisante pour lui faire entrevoir le moyen de salut qui devait le ramener à la superficie de la terre, du fond de l'hypogée où il gisait comme une momie égyptienne. Il s'y cramponna comme à un hauban des Antilles, et on le hissa non pas sain et sauf mais heureux encore d'en être quitte pour de cuisantes écorchures aux jambes et aux bras. Le bonheur avait voulu que la crevasse fût assez étroite pour rendre la chute verticale ; de cette façon il sauva ses os de la fracture, mais il avoua que, pour voyager au Bénard la nuit, il faut, outre le pied marin, avoir aussi le pied montagnard.

A propos de crevasses, une des plus curieuses est celle qui forme un souterrain servant d'entrée au passage qui établit une communication entre le Bénard et le piton des Neiges. Rien de plus surprenant que ce chemin qui débute par un long *tunnel* naturel. Vous sortez d'une température laponne, la terre est gelée de deux pouces sous vos pas ; dès que vous plongez dans le souterrain, un air tiède vous envoie de chaudes bouffées ; au bout d'une centaine de pas, les rayons du soleil tombent d'en haut par le sommet de la crevasse et vous laissent voir une véritable serre-chaude où des plantes, de la verdure la plus riche, sont en pleine floraison. Cela fait contraste avec la végétation morte qui assombrit le paysage à la superficie du sol.

Que ceux donc auxquels la nature a donné de bonnes jambes, aillent faire la partie du Bénard, et ils goûteront quelques jours de bonheur ; car s'il est vrai de dire que tout voyage soit une félicité quand il est entrepris volontairement, cela est certain surtout des voyages de bois. Là, isolés des susceptibilités de la civilisation et des mille gênes sociales, on ne contrarie personne et personne ne vous contrarie. Le corps raffermi par une température tonique, décuple sa vigueur, tandis que l'âme, qui n'est plus agacée par les picotements de la vie en commun s'épanouit dans un bien-être plein de placidité. Ce qui le prouve, c'est l'intarissable gaîté dont de telles parties sont assaisonnées. On rit de tout, même de ce qui ailleurs semblerait une contrariété. Ainsi l'hilarité est provoquée par une glissade, par une chute, par une méprise, par les beaux-dires de votre guide qui prétend : que l'*eau glacée est tentative mais dangereuse quand on a chaud*, et qui trouve : *qu'il y a dix ans le chemin était indécent, parce qu'il était ravagé par les ambavilles et les calumets.*

Dans les voyages de l'intérieur, les moindres bagatelles sont des sujets de joie ; on court avec un abandon d'enfant après les fraises mûres, les choux palmistes, les touffes de faham, les flaques d'eau glacée. Ho ! qu'on ne s'amuse point à de telles puérilités dans les *bas*, et en voici le pourquoi : on n'y a pas assez de bonheur pour le dépenser en menue monnaie ; on vit trop aux prises et avec les difficultés du passé et avec les exigences de l'avenir, pour pouvoir y jouir du présent.

L'ILETTE A GUILLAUME ET LA PLAINE D'AFFOUCHES

―――――

L'îlette à Guillaume est tapie au fond de l'encaissement de la rivière de Saint-Denis, entre deux énormes escarpements de deux mille pieds de profondeur. C'est une ravissante halte pour les coureurs de bois, et si elle se trouvait plus rapprochée de Saint-Denis, elle offrirait une exploitation d'une riche culture. Le sol de l'îlette à Guillaume, noir, profond et abrité, est un gros terreau dans lequel implantent leurs immenses racines des arbres que quatre hommes embrasseraient à peine. Les nattes, les takamakas, les bois de pomme y déploient la plus luxuriante végétation, et certains arbres du littoral y prospèrent tellement que des bibassiers dont les fruits ont la grosseur d'un œuf y ont atteint en peu d'années la hauteur des manguiers de la côte. Eau cristalline, température délicieuse, air salubre et terroir fécond, voilà les précieux avantages qu'offrirait l'îlette si des chemins plus accessibles lui ouvraient une communication facile avec le chef-lieu de notre île.

Vue des bords du rempart de l'Ouest, elle déroule aux yeux des voyageurs harassés le plus magique panorama. Ils viennent, sous un soleil ardent, de traverser, moites de sueur et les poumons haletants, quatre lieues de crêtes arides et dentelées en scie comme les *sierras* de la péninsule espagnole ; ils ont fait comme Toppfer, et avec plus de justesse d'expression, un voyage en zigzag; tout-à-coup ils s'arrêtent à l'entrée d'un chemin sinueux taillé de main d'homme dans le roc. Leurs regards avertis par cet indice scrutent avidement la pente abrupte où le sentier frayé va s'engouffrer et, au fond d'un vertigineux précipice, si bas, si bas, que l'air y reprend sa teinte azurée ils aperçoivent, au milieu d'un ovale de verdure, une maisonnette à peine perceptible à l'œil, entourée d'une miniature de défriché grande au plus comme un mouchoir. Et voyez combien la distance rapetisse les objets ! La maisonnette, quand on arrive sur les lieux, se change en une grande et bonne maison, le mouchoir de terre cultivée devient un champ de quatre mille gaulettes. Dès qu'on a la certitude de n'avoir plus à grimper, on entame joyeusement la descente qui conduit à l'hospitalier châlet, et, tout en cueillant de vermeilles framboises, tout en picorant des fraises parfumées, tout en remplissant sa carnassière de merles et de tourterelles malgaches, on ne s'aperçoit pas qu'il a fallu descendre quelques bons milliers de pieds. Cependant la gorge est sèche et les jambes flageolent quand on atteint le *bras Guillaume* qui, longeant tout un côté de l'îlette, va brusquement sombrer d'un bond dans un vaste bassin que jamais pêcheur n'a pu visiter, dont aucun pas humain n'a foulé les bords. Le guide Montfleury Maillot, ardent chasseur et pêcheur plus acharné encore, trépignait de ne pouvoir ramper comme un lézard jusqu'à ce poissonneux bassin, véritable lac de Tantale pour lui. Ses yeux s'arrêtaient, avec l'âpre fixité de ceux d'un oiseau de proie, sur cet étang recéleur de tant d'anguilles monstrueuses, dans lequel son imagination surexcitée se représentait une pêche aussi miraculeuse que celle de la mer de Tibériade, de biblique mémoire. « Et dire, s'écriait-il avec une colère comique et en saisissant par poignées son épaisse chevelure qu'il n'arrachait cependant pas, dire que j'ai sur moi quarante bouts de ligne, que ce bassin est tout proche et que je ne pourrai jamais y pêcher, lorsqu'il y a là dedans au moins trente sacs d'anguilles qui fourniraient de quoi boucaner à un chrétien pendant quinze jours ! » Et Monfleury, arrivé au paroxysme de son dépit, mordillait frénétiquement sa chique qui n'en pouvait mais.

Le bras Guillaume jaillit inopinément comme la fontaine de Vaucluse d'un vaste puits cavé au fond d'un entonnoir de rochers. Ce puits, taillé en fond de cuve comme le cratère d'un volcan, dégorge un abondant ruisseau dont l'onde transparente se voile sous un rideau des plus belles feuilles de songe que j'aie vues de ma vie. Grandes comme des boucliers, elles ont la forme des écus de nos anciens chevaliers.

Deux cavernes offraient, sur les bords du bras Guillaume, l'hospitalité aux voyageurs avant qu'il y eût une maison dans l'îlette, et depuis bien longtemps, à ce qu'il paraît, les beautés du site attiraient les curieux, car nous y avons trouvé des noms et des dates, entr'autres : Sickre 1776, et Bory de Saint-Vincent 1801.

Il est heureux, au reste, que l'îlette à Guillaume offre une riante oasis entre les montagnes pelées de Saint-Denis et l'échelle rocailleuse de blocs superposés qu'il faut gravir pour arriver jusqu'à la plaine d'Affouches, sans quoi le courage manquerait et la force aussi peut-être. Ainsi reposez-vous de la fatigue de la veille sous les frais ombrages de l'îlette, Messieurs les explorateurs, buvez à longs traits dans des feuilles de songe son eau si claire qui y roule des perles liquides, rassasiez-vous de ses framboises savoureuses, asseyez-vous douillettement sur ses mousses cotonneuses... Demain, plus rien de tout cela. Il faudra préparer vos bottes de sept lieues, car la montée du côteau-maigre vous taillera une rude besogne. Le côteau-maigre ! voilà l'étiquette du sac. Elle n'est pas trompeuse. Le nom vous en dit assez.

Demain est arrivé. Au petit point du jour, il faut lever le camp. « Partons vite, dit le guide qui bougonne après les traînards, partons vite ; la montée est si rude que nous serions rôtis par le soleil si nous tardions encore ; et, auparavant, buvez comme les chameaux pour la soif à venir ; buvez pour la journée entière, car pendant tout le trajet vous ne trouverez pas une goutte d'eau, vous n'en rencontrerez qu'a plusieurs lieues d'ici dans une mare à la plaine d'Affouches. » Après cette allocution faite du ton que prenait dans l'Arabie pétrée un scheik arabe pour intimer la prudence et la sobriété à sa horde, le guide fait l'inspection de sa tribu, et, se plaçant en tête, il attaque le premier la formidable escalade. Chacun emboîte le pas cahin-caha derrière lui. Le talus est si vertical que toutes les respirations sont sifflantes, et que les plus robustes poumons sont essoufflés. Quelques voix étranglées par la suffocation demandent dès la première demi-heure un temps d'arrêt, un répit de quelques minutes... Marche! marche! s'écrie péremptoirement Montfleury, et son marche! marche! est aussi absolu, aussi inexorable que celui du grand Bossuet. On se résigne et la route se poursuit péniblement. La montée s'escarpe de plus en plus, l'ascension devient une torture, le souffle est asthmatique et râlant, les visages pâlis implorent pitié et merci, mais le cruel guide n'en tient compte et fait bourdonner à nos oreilles comme un glas son rauque marche! marche! Il est sûr d'être suivi ; la fatigue a désormais dompté les courages et brisé toutes les velléités d'insurrection. On obéit en maugréant, mais on obéit, et enfin on arrive à l'endroit terrible, au passage de la *roche-debout*. Montfleury qui se pique de faire de l'homœopathie morale à sa façon, et qui prétend guérir de la peur par l'épouvante, se met à nous faire ses recommandations *in extremis :* « Holà ! vous autres !... attention, nos gens, regardez bien au fin fond « de la cascade à droite, cette touffe de pignons d'Inde !... Hé bien, on « les a plantés pour marquer la place où un jeune étourdi s'est tué, « parce qu'en se glissant en équilibre à cheval comme sur une selle le « long de la roche étroite qui forme la crête du côteau-maigre, il « négligea d'ôter une calebasse pleine de miel qu'il avait suspendue à « son cou. Au lieu de se traîner prudemment jambe de ça, jambe de là « sur l'arête de jonction (dame ! dix pouces de large, mes amis, pas « davantage !) en tenant son corps droit, sans s'incliner ni à droite ni à

« gauche, et au lieu de presser avec ses doigts de pied les aspérités de
« la roche, il se pencha pour regarder au fond du précipice. Etait-ce
« par frayeur, était-ce par curiosité ? Je n'en sais, ma foi ! rien ; toujours
« est-il que la calebasse pencha en même temps que son corps et l'en-
« traîna par son poids dans l'abîme si brusquement qu'il ne jeta pas
« même un cri, et qu'il ne dut s'apercevoir de sa chute que dans l'autre
« monde, après une traversée de deux mille pieds dans les airs pour
« terminer son voyage dans celui-ci. Attention donc, mes amis ! ne
« faites pas comme lui, nos gens ! »

Pour lors, chacun, bien et dûment averti de se mettre en garde
contre les distractions, jette un triste regard sur la tombe de l'infortunée
victime du vertige, et se trouve beaucoup moins hardi pour tenter le
passage périlleux qu'il ne l'aurait été sans la malencontreuse admoni-
tion du trop prudent Montfleury. Il faut pourtant en prendre son parti.
Il n'y a plus à reculer ; Saint-Denis est trop loin, la plaine d'Affouches
est trop près ; mais l'anxiété est grande... Figurez-vous le côteau-maigre
comme le sommet d'un angle très aigu qui, après s'être graduellement
aminci en une arête aigue, finit par s'affiler en une lame de couteau
sur le tranchant de laquelle (dix pouces de large entre deux précipices
de deux mille pieds d'escarpement tribord et babord), il faut se mettre
à cheval en se soulevant en avant à l'aide des mains pendant une
longueur de vingt-cinq pas.

Malheureusement les pieds ne sont pas soutenus par des étriers, la
roche est nue, les précipices sont d'une terrifiante profondeur ; et pas
d'autre point d'appui, d'autre sauvegarde que l'équilibre toujours
hasardeux à conserver dans une situation si perplexe... Enfin, comme
il est un Dieu pour les ivrognes, il en est un pour les coureurs de bois.
En nous confiant à lui, nous avons pris notre cœur de lion. Nous avons
chevauché sur la roche aiguë du côteau-maigre qui nous offrait une
selle plus dure que l'échine du cheval de bois de don Quichotte, mais
c'était, pour le quart d'heure, le moindre de nos soucis. Oh ! que nous
nous sommes trouvés aises une fois rendus de l'autre côté, affranchis
du danger et libres de toute crainte. Et vraiment, c'eût été dommage
qu'il nous fût arrivé malheur, car du haut du côteau-maigre la perspective est enchanteresse. La mince arête sur laquelle nous étions
échelonnés semblait, à huit heures du matin, une limite entre la plus
radieuse lumière et la plus sombre obscurité. L'immense escarpement
de notre droite aux teintes chaudes et dorées s'irradiait des feux du
soleil, tandis que l'austère rempart parallèle à notre gauche était plongé
dans de sombres ténèbres qui donnaient un aspect de sévérité saisissante à la vaste anfractuosité dont les rayons de l'astre lumineux
n'avaient pu pénétrer encore la mystérieuse horreur. De légers nuages
floconneux, se teignant de rose du côté illuminé, gardant du côté

sombre leur teinte grisâtre, erraient capricieusement dans l'espace intermédiaire, tandis que, des profondeurs de la rivière, le murmure assourdi des cascades venait mourir à nos oreilles comme la voix lointaine de la solitude. Rien de plus calme, de plus beau, de plus grandiose que l'ensemble de ce tableau qui, dans une seule perspective, encadrait tant de contrastes terribles ou riants et tant de lieues d'étendue ! Ceux qui n'ont pas visité l'intérieur de nos montagnes ne peuvent avoir aucune idée de la sublimité des sites qu'on y admire ; aussi croient-ils qu'on cherche à poétiser des réalités médiocres.... Et pourtant, certes, les belles montagnes de Bourbon sont poétiques autant que les Alpes et les Pyrénées, et c'est en elles que se trouve la poésie plutôt que dans nos mesquines descriptions.

La *plaine d'Affouches* révèle un autre climat que celui de l'îlette-à-Guillaume, et les végétaux y sont tout autres. Le climat de l'îlette est doux comme celui de Nice, le climat de la plaine d'Affouches est rude comme celui du plateau du mont Cenis. Notre peau devient sèche et rugueuse ; notre respiration fume, l'eau que nous buvons nous gèle les dents. La végétation, bien que drue et vivace, est hivernale. Les arbres sont encore beaux, mais les essences de la forêt ne sont plus celles *des bas*. Ici foisonnent les végétaux des hautes régions australes : les ambavilles, les calumets et les mahos. La terre de la plaine d'Affouches est bonne et grasse, mais si froide que le maïs reste un an entier sur pied. Les nuages y sont presque permanents. Le sol convient merveilleusement à la pomme de terre. Nous en avons trouvé de nombreuses touffes dont les tubercules étaient aussi gros que ceux qui viennent de la Nouvelle-Hollande. Ce qui prouve que les pâturages y prospéreraient, c'est que dans un défriché abandonné par M. de la Glairie nous avons trouvé de la luzerne de i. ·s belle venue et chargée de graines mûres. Nous y avons trouvé aussi de i avoine en épis dont les oiseaux venaient manger les graines ; ce qui prouve que certaines céréales telles que le seigle et l'orge pourraient y réussir. Jamais, dans les bois, nous n'avions trouvé tant de fraises mûres qu'à la plaine d'Affouches. En quelques minutes, nous en avions ramassé de quoi rassasier huit personnes. Elles sont aussi grosses et aussi parfumées qu'en France.

La partie de la plaine d'Affouches qui avoisine le piton de Gresle est couverte d'une forêt de tans-rouges, arbres dont la fleur donne le délicieux miel vert que Bourbon seul dans le monde a le privilège de récolter. Faute de savoir que le miel vert était un produit de la fleur de tan, un ministre, sous la Restauration, écrivit sérieusement à l'un de nos gouverneurs, de tâcher de lui faire parvenir en France l'espèce d'abeilles qui produit ce précieux miel. Il est toujours aussi recherché que par le passé, et nous avons rencontré cinq créoles de la Ravine-à-Jacque qui étaient venus, comme ils nous l'ont dit, *à la chasse aux mouches.* La fleur de tan attire les abeilles, et dans la plaine d'Affouches leurs essaims pullulent. Maintenant on peut en toute sécurité se livrer à cette chasse inoffensive ; il n'en était pas ainsi du temps que les grands marrons infestaient la plaine d'Affouches, où ils trouvaient en abondance des pommes de terre, des palmistes et du miel vert. Le fait suivant le prouvera :

Un jeune homme de Saint-Paul nommé Cerveaux voulut, un jour, aller chercher du miel vert. Il lui fallait un guide. Il parla de son projet en présence de ses esclaves ; l'un deux, rentré depuis quinze jours à peine d'un marronnage de trois ans, lui offrit de le conduire à la plaine d'Affouches, lui assurant une copieuse récolte, attendu que, pendant son séjour chez les grands marrons, il avait découvert le gissement de nombreux essaims. Le jeune homme, trop confiant dans les promesses d'un serviteur dont les habitudes de vagabondage et de rapine auraient dû lui rendre la moralité suspecte, fit avec empressement ses préparatifs de départ, n'emmenant pour compagnon de voyage que son marron rapatrié et ne se munissant pour toute arme que d'une hache. Le voyage devait durer quatre jours. Dix s'écoulèrent sans que le jeune Cerveaux revint. Les parents alarmés envoyèrent à sa recherche, et ceux qui étaient en quête de lui, à force de battre le bois, trouvèrent enfin l'imprudent chercheur de miel étendu mort dans un ajoupa qu'il avait construit pour s'y abriter pendant la nuit. Sa tète détachée à coups de hache gisait à côté de son corps. Le perfide conducteur qui l'avait attiré dans le bois, pour se défaire d'un maître incommode et pour retourner à ses habitudes sauvages, ne reparut plus, ce qui le fit soupçonner d'avoir assassiné son maître lorsque celui-ci était plongé dans son premier sommeil, avec la hache qu'il avait apportée.

Oh ! quelles exécrables forêts que celles qui bordent le sol depuis la plaine d'Affouches jusqu'au piton de Gresle ! Quel inextricable fouillis de lianes, de ronces, d'ananas marrons, de palmistes épineux et de fougères maudites ! Le voyageur, enchevêtré à chaque instant et enlacé dans les mailles végétales de cet infernal réseau, tombe pour se relever et ne se relève que pour retomber encore. A chaque minute des arbres géants, dont le tronc quelquefois de sept pieds de diamètre a été jeté bas par le furieux ouragan du 1er mars, lui présentent une barrière infranchissable. A chaque instant il grimpe avec peine sur des bois pourris qui, s'effondrant sous lui avec fracas, le précipitent meurtri dans des cavités où ses pieds restent souvent pris dans de traîtresses entraves. Il se débat, il tempête..... Mais que faire ? nul moyen de sortir du dédale. Pas le plus petit sentier, pas la moindre clairière. Etouffé dans un matelas de feuillée et de chevelus de six pieds d'épaisseur, aussi furieux qu'un sanglier attaqué dans sa bauge, il faut que, comme l'immonde animal, il fasse en se ruant de la tête et des pieds, une pénible trouée pour défoncer laborieusement l'irritant obstacle qui le retient emprisonné et l'enserre de ses mille nœuds. Heureux encore si la soif n'ajoute pas une torture de plus aux tourments qui le harcèlent. Nous étions réservés à cette dernière calamité. L'eau manque absolument sur la plaine d'Affouches. Le seul abreuvoir (de quel autre terme se servir?) est une mare nauséabonde dans le creux d'un fangeux ravin. Cette eau noire et croupie tient en décomposition des myriades de feuilles sèches qui lui donnent la couleur d'une infusion de benjoin, et pourtant il faut la boire ou mourir. Et combien nous avons regretté ce dégoûtant breuvage le lendemain, lorsqu'égarés par une brume épaisse qui nous avait dérobé la direction de la route à suivre pour nous rendre à la plaine des Chicots, nous nous sommes trouvés, vers le soir, perdus dans un océan de vapeurs, sans savoir où nous étions, moulus de fatigue, ruisselants de sueur, mourants de faim et dévorés d'une soif ardente (ce dernier tourment était le pire de beaucoup des quatre que nous venons d'énumérer), obligés de camper pour la nuit sur la crête d'un morne isolé, sans une goutte d'eau, n'osant boire le rhum que nous avions de peur d'irriter notre soif, ne pouvant manger faute de liquide pour cuire nos vivres, réduits pour humecter nos lèvres et notre langue, oui, littéralement réduits à lécher l'abondante rosée que le frais du soir, à la hauteur de huit cent toises où nous sommes, dépose dès quatre heure de l'après-midi sur les feuilles; et nous ne devions trouver, le lendemain, l'eau dont notre vie dépendait, qu'à la distance de trois lieues qui demandent six heures de marche dans le désespérant hallier où nous étions empêtrés!... Que cette halte a été maussade et triste! Nous avons recouvert de fougères quatre fourches; nous nous sommes jetés à terre, le cœur désolé; et il a fallu attendre, pendant les douze heures de nuit qui rendent dans les bois toute marche impraticable, un sommeil que la souffrance et l'inquiétude écartaient de nos yeux. Qu'elle a été longue cette nuit sans repos pendant laquelle le corps et l'âme souffraient également! Aussi l'aube nous a trouvés éveillés, et avec une impatience fiévreuse nous nous sommes mis en marche silencieux et moroses, profondément découragés et poussés en avant par un seul espoir, celui d'arriver jusqu'à l'eau qui devait nous rendre la vie et la force. Nous pressions entre nos lèvres flétries les mousses humides, remède qui restait inefficace pour rafraîchir suffisamment notre gorge embrasée. Nous marchions lourdement, traînant nos pas alanguis, comme des moutons conduits à l'abattoir, quand sur une crête tapissée de lichens blanchâtres et d'arides bruyères, lieu sec où nous étions loin de soupçonner que nous trouverions la guérison de nos maux, le guide s'est écrié : De l'eau! je vois de l'eau dans le creux d'un rocher... Ce cri nous a transformés; avec la vélocité des dromadaires qui courent à un puits après dix jours de soif dans le désert, nous nous sommes précipités sur cette eau avec un acharnement voisin de la rage, y plongeant la tête, y étanchant à si longs traits notre soif de trente-six heures, que nous avons absorbé une quantité effrayante du liquide réparateur de nos forces. Oh ! comme j'ai compris alors pour la première fois, dans toute sa vérité, ce mot du roi Darius qui, dans sa fuite, dévoré d'une soif ardente, s'écria après avoir bu de l'eau bourbeuse recueillie dans le creux d'un fossé : Voilà un plus délicieux breuvage que les sorbets préparés dans mes palais !

Débarrassés du tourment de la soif, nous avons retrouvé la vigueur du corps, la sérénité de l'esprit et toute la gaieté d'un voyage de plaisir. D'un pas allègre et assuré, nous avons gravi gaiement les rudes montées des abords de la plaine des Chicots, cent fois, mille fois préférables aux insidieux et inextricables fourrés de la plaine d'Affouches, et en moins de deux heures nous avons atteint la caverne des Pêches, but de notre voyage, asile sûr d'un repos chèrement acheté. Nous l'avons saluée, en l'apercevant, d'un enthousiaste hourra d'allégresse !

LE PITON DE FOURNAISE

C'est du sommet du *Morne-Marabout* qu'on voit, dans toute sa majesté, le *Piton de Fournaise*, l'architecte géant dont l'incessant travail a, pendant tant de siècles, entassé assez de matériaux pour soulever à dix mille pieds dans les airs son trône colossal dont la base a cinquante lieues de circonférence; car, ici l'expression qui paraît exagérée n'a rien cependant d'hyperbolique. Notre île entière n'est qu'un amas de scories, que le résidu refroidi des matières ignées vomies par un feu sous-marin dont le Piton de Fournaise est l'ardente bouche; l'île de la Réunion est un agrégat de laves, n'est que cela, et cet immense entassement a été soulevé des profondeurs de l'océan par un unique, mais tout-puissant ouvrier, le Volcan !

C'est qu'il est seul de son espèce le volcan de notre île, toujours en activité, toujours en ébullition. Le Vésuve dort quelquefois trois siècles avant que vienne pour Naples le réveil du Lion; l'Etna, pour épouvanter la Sicile, attend patiemment qu'Encelade, fatigué de dormir du même côté, change brusquement de position; mais pour notre infatigable Piton de Fournaise, ni trêve ni repos. Son cratère fume toujours. L'énorme canon a toujours sa mèche allumée. Tous les ans, à la même époque, la fumée cède la place au feu précurseur lui-même des laves fluides qui submergent de leur embrasement, avec une invariable périodicité, dix lieues carrées d'un sol calciné. Nous concevons que les habitants de *Portici* et de *Torre-Greco* soient pris à l'improviste par le fleuve de feu dont une génération ne connaît souvent les ravages que par les oui-dire des vieillards; nous comprenons à merveille que les habitants de Catane qui ont eu la témérité de bâtir leur ville à brûle-pourpoint des éruptions, et d'aligner pignons sur rue à cinq quarts de lieue de la bouche ignivome, en reçoivent parfois les échauboulures, et soient obligés, sous peine d'être rissolés, de déguerpir sans sommation d'huissier ; mais qu'à l'Ile de la Réunion, où le volcan arbore à 7,800 pieds en l'air, son signal dont on peut ainsi formuler la menace : *Il n'est point de fumée sans feu*, il puisse surprendre des imprudents et griller des Empédocles, voilà qui paraît étrange et pourtant la chose a eu lieu plus d'une fois. Il paraît qu'on ne peut être volcan, sans faire pièce à son prochain, et le nôtre a aussi ses petites malices, témoin celle qu'il fit en 1812, à un Anglais qui accourait avec une curiosité toute britannique pour voir la magnifique coulée qui se précipitait à la mer. Le temps était à la pluie. Le *goddam* avait pris un guide, à la condition cependant de ne pas se laisser guider par lui. Or, le guide, voyant un grain approcher, dit à mylord Roast-Beef : « Battons en retraite, la pluie vient, et, quand elle tombe sur la lave bouillante, cela occasionne une fumée si épaisse qu'on ne voit plus où l'on va. » L'Anglais fasciné par les flamboyantes arabesques de la mirifique coulée faisait la sourde oreille, le guide revenait à la charge et s'obstinait. Mais si les guides sont têtus les Anglais le sont encore plus. Dans ce conflit d'entêtement, le nuage lâcha *ex abrupto* une torrentielle ondée dont les gouttes frémissantes sur la lave ardente se vaporisèrent si promptement qu'en quelques minutes un épais brouillard enveloppait une notable portion du *Grand-Pays-Brûlé*. Le guide effrayé rétrograda à sauts de cabri, et grâce à sa pratique des lieux, il se tira, quoiqu'à tâtons, du danger ; mais quant à l'opiniâtre Anglais, aveuglé et suffoqué par la fumée, il marcha, sans s'en douter, droit au phlégéton de lave et disparut dans ce torrent de feu sans qu'on retrouvât, quelques jours après, autre vestige de lui, qu'un de ses tibias charbonné qui surmontait de quelques pouces une crevasse entr'ouverte dans la lave refroidie. D'où il faut conclure que le *Piton de Fournaise* n'aime pas plus les Anglais que ne les aimait Alcide Jollivet.

Autre malice du *Piton de Fournaise* (vulgairement nommé la *Jarre*). Les bons habitants du *Bois-Blanc*, pacifique et calme population s'il en fût, dormaient en 1832 du sommeil des justes et des propriétaires repus. Ils étaient dans la plus parfaite tranquillité, car d'abord le volcan ne brûlait pas pour le moment, et, eût-il brûlé, que selon eux, la lave devait couler à une bonne lieue de distance, dans ses limites naturelles. Sécurité donc pour les colonies aventurées que le *Bois-Blanc* avait implantées par delà le rempart qui sert de barrière protectrice. Mais voyez le guet-apens ! Le volcan (histoire de rire, aurait dit Gauguernel dans les *Mémoires du Diable* de feu Soulié) ne s'avise-t-il pas de faire, en plein minuit, quand on dort de son premier sommeil et qu'on ne voit goutte pour se garer, une cauteleuse trouée au raz du rempart. Et aussitôt la forêt flambe... Grand réveillon pour le *Bois-*

Blanc qui ne s'attendait nullement à la fête célébrée cependant avec salves et feux d'artifice. Les arbres séculaires s'embrasaient instantanément comme des fétus de paille, puis, sapés par le pied, tombaient engloutis dans la houlée de feu, et quelques minutes après étaient bruyamment rejetés dans les airs à la suite d'une explosion causée par la raréfaction de leur sève. Pendant tout ce vacarme, les *squatters* du Bois-Blanc se repliaient à marche forcée vers le sommet de refuge, et presque tous, grâce à leur agilité et à leurs sandales de goni, se juchèrent sur l'esplanade de la rampe d'où ils purent contempler l'incendie avec autant de sécurité mais moins de plaisir que Néron, lorsque perché sur sa tour il déclamait l'embrasement de Troie en voyant flamber Rome. Mais une pauvre famille dans laquelle se trouvaient de petits enfants et des malades, ne put à temps se soustraire au péril. Le torrent de feu liquide se bifurquant au-dessus de la chaumière, l'enveloppa entre deux coulées qui, plus bas, se rejoignant, parquèrent les malheureuses victimes dans un cercle de feu plus difficile à franchir que celui de Popilius. Cinq jours entiers, les pauvres gens dévoués à une mort qu'ils croyaient certaine, subirent une cruelle agonie. Ils étaient asphyxiés par la fumée et par les bouffées ardentes qu'exhalait le sol en combustion, réduits pour toute nourriture à quelques patates, dévorés par une soif que la réverbération des laves rendait plus ardente. Enfin, Dieu eut pitié d'eux : au bout du cinquième jour, la lave s'était solidifiée à la surface, assez pour supporter le poids de leurs corps. Les infortunés moribonds démolirent leur case, en allongèrent à la file les planches de manière à jeter un pont sur la coulée, et se crurent ressuscités quand ils furent sortis de leur clôture de feu.

Toutefois, à moins d'un péril extrème, il ne faut pas se presser de se hasarder ainsi sur lave durcie ; il y a autant de danger à marcher trop vite sur la mince croute refroidie que sur la glace de nos fleuves du Nord. Demandez plutôt ce qu'il en pense à M. Médard Malavois, quand il reviendra. Il traversait un jour le *Grand-Brûlé*, peu de temps après une forte coulée qui avait intercepté la communication entre Sainte-Rose et Saint-Philippe. La lave était à peine refroidie et ne s'était solidifiée que par une concrétion égale à peine en épaisseur à la glace sur laquelle s'aventurent les patineurs les plus hâtifs. La croute était mince au point de recevoir, de la pression des piétons qui la foulaient, un mouvement d'ondulation. Elle était crevassée de fissures qui laissaient dans leurs interstices rutiler un feu d'un rouge cerise aussi vif que celui de nos forges. Tous ces symptômes étaient peu rassurants ; les guides essayèrent de dissuader M. Malavois de tenter un passage si notoirement périlleux.... Les affaires qui l'appelaient à Saint-Denis étaient sans doute bien pressantes ou sa confiance en son

heureuse étoile bien grande; toujours est-il qu'il persista dans sa résolution et hardiment s'avança sur la croûte flottante. Tout alla bien
jusqu'au milieu du trajet; mais à l'endroit où il devenait aussi périlleux
de reculer que d'avancer, la glace de bitume s'étoila avec un craquement sinistre, et un des talons du téméraire voyageur s'effondra de
façon à engloutir un de ses pieds, l'autre tint bon sur la surface. Par
un grand bonheur, M. Malavois était chaussé de fortes bottes, par un
bonheur plus grand la lave n'imprègne pas les objets qui s'y enfoncent;
il en fut quitte pour le racornissement de sa botte et une douloureuse
sensation de calorique; mais si les deux pieds s'étaient enfoncés à la
fois, si seulement le pied fautif eût été chaussé d'escarpins, le voyageur,
pris dans la plus damnable chausse-trappe, y fut resté cloué pour y
mourir de la plus horrible mort.

Encore un trait de la sournoiserie du volcan. C'était en 1733, vers
les deux heures de l'après-midi, à Sainte-Rose dont les paisibles habitants étaient loin de se douter du coup de jarnac, que ce gausseur de
Piton de Fournaise allait leur porter. Depuis l'occupation de l'île,
les coulées s'étaient toujours faites dans l'immense vallée comprise
entre la rampe du *Tremblet* et celle du *Bois-Blanc*; on laissait à mon-
seigneur Vulcain en toute propriété les dix lieux carrées qui forment
la superficie du *Grand-Brûlé*, il devait s'en contenter, la part était belle !
Aussi dans la plus naïve sécurité, les habitants de Sainte-Rose avaient
dû se dire : « Les coulées et nous, n'avons rien de commun à démêler
ensemble; depuis que Mascarin est habité (l'île s'appelait alors
Mascarin), le volcan ne nous tracasse pas et la bonne intelligence conti-
nuera entre nous jusqu'à la consommation des siècles. » Par ainsi, les
uns labouraient, les autres récoltaient, aucuns bâtissaient, aucuns
voire se mariaient, quelques-uns sans doute faisaient la sieste et pre-
naient au plus chaud du jour ce doux repos si cher à tous les méri-
dionaux, quand, tout-à-coup, droit en face du quartier, dégringole
dare-dare une turbulente coulée qui se rue à travers la forêt pétillante
et si prestement que les pauvres gens surpris s'enfuirent en sauve-qui-
peut général et accéléré, et eurent à peine le temps de gagner au large
à toutes jambes, abandonnant cases et meubles, forcés qu'ils étaient,
vu la brutale vitesse de la lave, de faire la *part du feu*. La coulée
descendit triomphalement au beau milieu du quartier, exécuta une
razzia complète, flamba les maisons, rôtit sur pied les patates, empierra
les champs, puis la besogne faite, le géant de feu, l'autocrate *Piton de
Fournaise* armoria sa suzeraineté sur Sainte-Rose par de durables vestiges qu'on verra encore dans cinq cents ans. Ce sont des liserés d'une
lave violâtre épaisse de cinq ou six pieds, dont les bourrelets hérissés
de roides fougères sillonnent de distance en distance des zônes entières
et traversent la grande route. Le volcan, à ce qu'il paraît, tenait essen-

tiellement à faire connaître à ses amés et féaux sujets de Sainte-Rose que, bailleur de fonds de leur sol, il ne voulait pas laisser périmer ses droits.

Aujourd'hui, depuis l'ère républicaine de 1848 ce potentat, inquiet comme tant d'autres sur les destinées futures de sa couronne, s'est fait bon prince. Il s'est rendu accessible tant et tant que MM. Maillard et Henry ont pu obtenir de lui audience privée, en descendant jusque dans son cratère. Il s'était fait bonhomme, au point que, ces messieurs l'ont trouvé en robe de chambre couleur de feu, faisant mijoter sa lave et mitonnant la cuisson, en faisant bouillir seulement d'un côté le pot-au-feu, selon les préceptes de la cuisinière bourgeoise. Aussi ont-ils poussé la familiarité jusqu'à tremper sinon le doigt dans la sauce, au moins une cuiller dans le potage pour s'assurer si la soupe était cuite à point. Grand bien leur fasse! Honneur à eux! ils ont fait preuve d'un rare courage et d'un ardent dévouement pour la géologie. Mais vu le passé de notre volcan, je dirai toujours en me tenant en garde contre l'avenir qu'il nous prépare : « Méfions-nous du *Piton de Fournaise*, surtout dans ses intermittences paternes :

Timeo Danaos et dona ferentes!

SUR LE CRÉOLE DE LA RÉUNION

SUR LE CRÉOLE DE LA RÉUNION

M. Julien Vinson a publié récemment dans la *Revue de linguistique*, comme spécimen du français créole d'un nègre mozambique (1) habitant l'île de la Réunion, une anecdote qui commence à peu près comme la nouvelle de Chichibio dans Boccace (VI, 4), mais qui se termine par une pointe beaucoup plus faible. Je retrouve cette anecdote dans les matériaux que je dois, par l'entremise amicale de G. Paris, à l'obligeance de quelques personnes résidant à la Réunion ; il me semble utile de faire connaître cette variante.

Un planteur, chez lequel nous dînions, avait bien recommandé à son cuisinier de faire un excellent *carry* de l'un des chapons qu'il engraissait depuis deux mois. L'ordre fut exécuté, mais le planteur s'aperçut en servant qu'une cuisse de la volaille avait disparu. « Qu'on appelle Charlot, » dit-il. « Dis-moi, Charlot, depuis quand les chapons n'ont-ils qu'une cuisse ? — Si pas, moussié ; çapon-là p'tête li malade. — Malade ou non, il devait avoir ses deux jambes. — Bébète-là, moussié, li en vé à moi ; l'a casse son patte, ça pour faire gagne à moi li fouet. — Tu as mangé la cuisse du chapon ? — Bondié pini à moi, moussié, si moi l'a manzé. — Si tu me dis la vérité, il ne te sera rien fait. — Ah ! moussié mon maître, grand malhér l'a arrivé ! moi l'était pour faire bouille marmite, vous connaît ; à c't'hère, la couisse çapon l'a sourti marmite et li l'a timbé (2) dan li fé. Moi l'a dit mon maître bon blanc, li manze pas la cendu'e, li va gagne malade, moi l'a

---

(1) Il faut lire en effet dans le titre, comme me l'indique M. Vinson lui-même, « d'un Mozambique », pour « du Mazambique », et de même p. 331, l. 1, « noir mozambique » au lieu de « nègre malgache ».

(2) Bien que *im* pour *om* puisse étonner, ce n'est pas un *lapsus calami*. A Maurice on dit *tombé*.

ramassé, moussié, après moi l'a goûté. — Après tu l'as mangée? — Ça même, mon maître, vous l'a dit, diable l'a tenté à moi : siquizé!.»

Dans cette version (A) c'est le créole propre de la Réunion qui est employé; l'autre (B) montre ce créole tel qu'il est ordinairement modifié par les noirs du Mozambique. Le trait le plus caractéristique de ce parler est l'insertion, dans un groupe initial ou médial de consonnes, d'une voyelle dont la qualité est déterminée soit par la voyelle de la syllabe suivante, soit par une labiale voisine : *boulanc* (blanc), *bou-roulou* (brûle), *cendourou* (cendre), *couvéritirou* (couverture), *fourounté* (effronté), *garand* (grand), *maroumitou* (marmite), *quirié* (crier). Ce phénomène se produit dans le créole des Mascareignes, aussi en dehors de l'influence mozambique, bien que dans une moindre mesure; ainsi à Maurice (voyez Baissac, p. 113 s., 118) : *coulou* (clou), *carabe* (crabe), de même à la Réunion), *pilime* (plume), *quirié* (crier), *tourouvé* (trou-ver), etc. De même à Maurice et à la Réunion *siquizé* (excusez), *sipité* (disputer). Mais ce qui est propre au créole des Mozambiques, c'est l'addition d'une voyelle, ordinairement *ou*, à une consonne finale : *couitou* (cuit), *coumou* (comme), *molérou* (malheur), *mounou* (monde), *pangarou* (prends garde), mais *couissi* (cuisse), *Manabara* (Malabar). B. montre une autre particularité intéressante. Le créole de la Réunion présente, à la différence de celui de Maurice (1) et en accord avec beau-coup de dialectes romans européens, l'union régulière du prénom sujet atone avec le prénom accentué. Mais le premier est le même pour toutes les personnes. Devant les voyelles c'est *l'* par exemple :

> Moi l'est bien content voir à vous;
> Li l'a commenç fait la grimaç; li l'entend;
> Nous l'a gaigné gros lot;
> Vous l'a bien fait;
> Zaut' l'a çarrié à moi; zaut' l'arrive.

Devant les consonnes *y*, par exemple :

> Moi y dit à vous;
> Nous y parle;
> Si jamais vous y vient;
> Zaut' y court.

A la 3ᵉ pers. du singulier cet *y* ne peut se manifester; on a *li voit, li dit*, qu'il faut comprendre *li y voit, li y dit*. Au reste, cet *y* peut aussi manquer, par exemple :

> Moi conte à vous.
> Zaut' zire à li.

Dans plusieurs cas, par exemple devant le signe du futur (*va*), il

---

(1) Et des autres parlers créoles en général.

n'est jamais exprimé. Il semblerait naturel de reconnaître dans *l* et *y* le pronom *il;* mais comme ce pronom ne vient pas d'ordinaire dans les parlers créoles, il est sans doute préférable d'y voir une forme abrégée du pronom plein *li* (lui). *I* pour *li* se trouve aussi parfois dans le créole de la Trinité et de la Martinique (Thomas, p. 36; Turiault, p. 100). L'extension analogique de *li* à la 1ʳᵉ et à la 2ᵉ personne est extrêmement curieuse. Or, nous ne trouvons dans le texte B qu'un seul passage qui serait pareil dans le créole général de la Réunion: *Boundié y pini à moi.* Partout ailleurs, devant un prédicat commençant par une consonne, *li* devient non pas *y*, mais *ni :*

> A qui faire qui ni (1) quirié coumou ça ?
> Ça ni (2) pitit Manabara ni fourounté;
> Ça ni bébête-là ni fé gaigne à moin malérou;
> Couvéritirou ni çaud.

Le passage d'*l* à *n* (cf. *Manabara*) n'est pas facile à expliquer, d'autant plus qu'à côté de *ni* on trouve *ali* (à lui). Devant une voyelle, l'*i* de *ni* tombe, mais le texte *B* n'offre qu'un cas de ce genre, *n'an* (lui a), par exemple : *Avous n'an dit* (A : *vous l'a dit*), où la nasalisation de l'*a* est amenée par l'*n* précédente. Le créole commun de la Réunion présente aussi un cas où *n'* prend la place de *l'*, *y*, mais, à l'inverse de ce qu'on vient de voir, c'est à une *n* suivante que cette forme doit son origine. « Il y en a » devient dans le créole de Maurice *yéna* ou *éna* (« exister » ou « avoir »), dans celui de la Réunion *ana* (écrit d'ordinaire *en a*); devant ce mot le pronom sujet atone n'est pas *l'* mais *n'* : *moi n'en a, li n'en a, zaut' n'en a;* pour *n'en a* je remarque çà et là *n'a*, par exemple :

> Si vous n'a besoin;
> Vous n'a quéq' côs' pressé pour faire.

Les formes du pronom sujet *ali, avous*, dans B, n'ont rien de spécialement mozambique; on en retrouve ailleurs d'analogues (par ex. *acoute avous*, (« écoutez, vous »). Il y a probablement ici une substitution du cas oblique au cas sujet (comme dans *moi = je, lui = il*), le premier se présentant (comme en espagnol) avec la forme du datif, ainsi : *moi l'a vi à li mort.* Cependant l'étude comparative des parlers créoles rend possible une autre explication (voyez mon mémoire sur le négro-portugais de San-Thomé, p. 20 s.).

---

(1) Ici *ni* n'est point pléonastique.
(2) *Ça ni* (= *ça lui*) pour le *ça* du créole ordinaire.

Je remarquerai encore que *bébête*, bien que ce soit proprement un diminutif (voy. Baissac, p. 119), ne peut guère ici, appliqué à un chapon, être rendu par « petite bête ». On dit aussi du requin :

Ça bébêt' nana toujours faim.

Dans l'échantillon donné par Baissac (p. 105) du créole tel qu'il se modifie dans la bouche d'un Mozambique, je ne trouve qu'un point de contact avec le texte B, la tendance à terminer les mots par une voyelle, p. ex. *lareiné* (reine), *mémé* (même), *léchiélé* (échelle), *doumoundou* (du monde), *quiqui chojo* (quelque chose). Mais ici *ch* et *j* ne deviennent pas *ç* et *z;* c'est l'inverse qui se produit.

Je n'ai voulu ici examiner que la variation mozambique du créole de la Réunion ; je réserve pour plus tard l'étude de ce créole lui-même. D'ici là M. Vinson aura communiqué pour cette étude des matériaux plus considérables. Il faut espérer aussi que la nouvelle édition des œuvres créoles de Louis-Émile Héry, dont s'est chargé M. C. Cerisier, ne tardera pas à paraître. Je n'ai pas pu voir le premier ouvrage d'Héry, les *Esquisses africaines*, où on loue surtout les poèmes sur *Les aventures de Phaëton* et *La chute d'Icare*. Je possède le recueil, presqu'aussi rare, des *Nouvelles esquisses africaines* (Saint-Denis, 1856), où, à côté d'un excellent morceau de prose, *Didier Maillot au tribunal de monsieur Dupar*, on trouve sept fables créoles, grâce à l'extrême amabilité de M. le docteur Auguste Vinson, qui est fabuliste lui-même, mais n'a encore publié que deux pièces (*Les deux voyageurs* et *La truie et la caille*). En outre, M. A. Vinson m'a donné des renseignements précieux et détaillés sur le créole de son île natale dans deux lettres publiées par le *Sport colonial* (15 et 26 août 1882). Je possède en manuscrit (et je ne sais si quelque chose en a été imprimé) une 'rie de poésies de la valeur la plus diverse, comme *Le coup de canon*, *Nounoutte* (par M. F. Legras), etc. Le *Bulletin de la Société des sciences de l'île de la Réunion* de 1875 a donné un article de M. J. de Cordenoy, *Les refrains populaires à la Réunion*, que je n'ai pas encore pu me procurer. Je termine en exprimant l'espérance que les habitants de la Réunion ne cesseront par de cultiver leur parler créole, et qu'il nous en donneront une description aussi solide et aussi élégante que celle que doit à M. Baissac le créole de l'île voisine. Peut-être M. F. Cazamian, censeur au lycée de la Réunion, se décidera-t-il à entreprendre cette tâche; son compte-rendu du livre de M. Baissac (*Moniteur de la Réunion* du 19 janvier 1882, reproduit dans le *Cernéen*, journal de l'île Maurice, du 30 janvier) atteste qu'il y est bien préparé.

H. SCHUCHARDT.

Graz, en Styrie.

. P.-S. — Dans le très court intervalle qui s'est écoulé depuis que j'ai écrit cet article jusqu'au moment où j'en reçois l'épreuve, j'ai eu la bonne fortune de trouver à Paris, dans la personne de M. Émile Trouette, conseiller privé du gouverneur de l'île de la Réunion, le secours le plus précieux et abondant pour mes études bourbonniennes. Il m'a communiqué, entre autres choses, le récit du Chat botté, traduit par lui du créole mauricien dans celui de la Réunion. En outre, M. Pierre Duclos (à Saint-Benoît) m'a envoyé sa chanson, *Li cair napas magasin*, en l'accompagnant de très utiles remarques. La troisième lettre que M. A. Voisin m'a fait l'honneur de m'adresser dans le *Sport colonial* (dans laquelle, du reste, la chanson en question est publiée) ne m'est pas parvenue.

D'après les nouvelles lumières que je viens d'acquérir, le pronom intercalaire ne prendrait, dans l'usage général, la forme *l* que devant *a* (habet) et *est*. J'avais déjà trouvé chez Héry, p. ex., *moi y enraze, moi y appelle, nous y allime;* mais je croyais voir là de ces inconséquences dont le poète classique de la Réunion n'est pas exempt. J'avoue cependant que je ne saurais m'expliquer l'origine d'*y* à côté de *l* que si d'abord celui-là ne s'employait qu'avant une consonne; c'est sans doute par l'effet de l'analogie qu'au lieu de *moi l'enraze* on a fini par dire *moi y enraze* (comme *moi y dit*). M. Duclos fait la contraction de cet *i* (car il serait plus rationnel d'écrire ainsi et non *y*) avec la voyelle précédente : *mi* pour *moué i, mou'i, ni* pour *nous i, vi* pour *vous i.*

Quant à *nana* (et *na*), comme je le trouve aussi au commencement de la phrase (il y a), il se pourrait bien que le premier *n* dût son origine à l'*il* impersonnel.

(Extrait de la *Romania*, t. XI.)

TABLE DES MATIÈRES

PREMIÈRE PARTIE

FABLES CRÉOLES

DEUXIÈME PARTIE

RÉCITS & DESCRIPTIONS

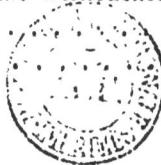

NOTES

ET

OBSERVATIONS DIVERSES

———